# El despertar

Un llamado a la casa perdida de Yisrael.


Por:

Emanuel Villanueva


* * * * *

# El Despertar

Emanuel Villanueva

Published by Emanuel Villanueva, 2022.

# Tabla de contenido:

# Dedicación

* * * *

A: Roah Maritza y Navi Ben Or por sus ayudas directas e indirectas; sin ellas no hubiese sido posible este libro.

* * * *

# Prefacio.

¿Quien es la casa perdida de Israel? Usted que siente la inquietud de leer este libro y conocer mas de sus raíces israelitas que nos han ocultado por tanto tiempo, es parte de esa casa perdida "Efraim" que a lo largo de los tiempos a tratado de ser eliminada de muchas formas por parte del adversario "el satán". Ejemplos tangentes, cuando se levantó Aman y trato de eliminar al pueblo Judío incluyendo a Ester. El edicto que pasó Herodes y mato a todos los niños de dos años o menos en belén y sitios cercanos "Mateo 2:16. Cuando Faraón mando a las parteras a matar a todos los niños varones que le nacieran al pueblo hebreo que vivía en Egipto; Cuando Adolfo Hitler intento exterminar a los Judíos askenazi; en los tiempos de la inquisición española allá por el 1478 fundada por los reyes Católicos para mantener la ortodoxia católica en el reino, de ahí cuando Colón vino a las americas vinieron con el muchos Judíos "Sefardíes" que habían sido expulsados de España y prácticamente habían sido procesados como criminales por sus creencias religiosas. De esa procedencia la gran cantidad de apellidos que terminan en "ez" Perez, lopez, etc; que tienen "or" Ortiz, por no mencionar muchos otros. En ese tiempo de la inquisición muchos se vieron forzados a cambiarse Sus apellidos Judíos por apellidos españoles o cristianos para poder seguir viviendo allí, así que para no perder su identidad utilizaron la ez de eretz "tierra de israel" or de "Luz" en hebreo y muchos otros nombres Que provenían de empleos a los que se dedicaban, como por ejemplo Zapata entre otros. Lo que nos dicen acá es que colon vino con un montón de criminales y presos, y nos esconden a conveniencia los verdaderos motivos de porque vinieron. Tan efectivo fue este encubrimiento que casi todos los rastros de nuestras herencias y orígenes sefardíes Judíos fueron borrados para insertarnos en una nueva creencia y un nuevo pueblo llamado el supuesto Israel espiritual que de por cierto no aparece ni por atisbo en las escrituras, mas adelante cuando sea oportuno hablaremos mas de esto.

¿Cual fue entonces el propósito de esta dispersión? Aunque parezca extraño es bueno saber que esto sirvió para que se propagaran las buenas nuevas del reino que vino a traer el mesías y para preservar a su pueblo de una extinción. Falta que en el tiempo de la restauración de todas las cosas el padre vuelva a reunir a su pueblo y que ya no sean mas dos casas si no un solo pueblo, una nación que este separada y exclusiva para el como el pretendió desde un principio. Así que quien sabe si eres tú una de las ovejas de la casa perdida de israel y si el padre te esta llamando en estos momentos, animo que la salvación esta a tu alcance y que ha llegado la hora de volver a ser parte del olivo que es Israel, mientras que nosotros fuimos olivo silvestre y el padre tuvo compasión de nosotros.

Romanos 11:17. Pero si algunas de las ramas han sido desgajadas, y tú, siendo olivo silvestre, fuiste injertado entre ellas, y estás compartiendo de la rica raíz del árbol de olivo,

# Introducción.

El propósito de este libro, es traer a la luz conocimiento que ya ha sido revelado en las Sagradas Escrituras y que por alguna razón u otra nos ha sido encubierto. Las palabra han sido escritas pero muchos fieles no la leen y dependen solo de el alimento espiritual diluido y adulterado que muchas veces ofrecen en las iglesias por líderes que siguen a sabiendas a un concilio que promulga un ideal que se aparta de las escrituras por no decir de la verdad. Estas son palabras mayores por lo visto, también pudieran parecer herejías para algunos y acusaciones para otros. Pero después de unos treinta años de haber estudiado el cristianismo y comparado lo que enseñan en sus institutos, vs lo que que predican en las iglesias y lo que dice la escritura, llegó el momento de desmentir las verdades a medias que nos han dicho y contrastarlas con lo que dice la escritura que de por cierto se explica a si misma.

Mi idea con este libro no es crear una crisis de fe en usted ni contiendas entre distintas comunidades religiosas, si no al contrario; facilitarle la verdad y explicársela de una forma sencilla en la que puedan entender y ver lo que muchos por cientos de años han tratado de ocultarle al mundo por conveniencia aunque suene triste.

En todos los sistemas religiosos hay gente buena, entendida, honrada y humilde que aman al Todo Poderoso de corazón. El llamado es inminente, las instrucciones a seguir ya fueron dadas, y por mas que muchos se empeñen en buscar a "Dios" a su manera, iremos viendo que El tiene un propósito para cada uno de nosotros y una manera en la que El quiere que lo sigamos, solo hay un camino y es estrecho este camino es el que nos llevará a la vida eterna. Pero antes de llegar a la meta de nuestro peregrinar en la fe, comenzaremos en el primer capitulo en el que hablaremos de los nombres correctos que aparecen en las escrituras "Biblia" los cuales muchos nos han sido cambiados por las traducciones e iremos poco a poco entrando en conceptos mas profundos como son la trinidad, el rapto secreto, la muerte, la vida en el cielo y la resurrección de los muertos entre otros temas de interés y que por lo regular no se hablan mucho por su complejidad y se les da menos importancia a algunos los que en muchos casos terminan siendo conceptos erróneos que ni siquiera son escriturales.

Aconsejo tener varias versiones de las escrituras "Biblia" a la mano y nos inclinaremos a usar la mas antigua, por lo menos tenga una mientras vayamos estudiando o discutiendo varios pasajes yo les iré dejando las sitas abajo al pie de la página para que tenga evidencia de lo que se está planteando sea correcto. Les recomiendo una versión de las escrituras que en lo personal me gustó mucho, es una edición mas apegada a los escritos originales o mas antiguos que de por cierto han tenido menos alteraciones y que todos o la mayoría de los nombres han sido restaurados. Se llama "Sefer Davar" (= el Libro de la Palabra) es en español y lo he visto en ingles para los que lo entiendan mejor así. Es una excelente adquisición que puede usted hacer si sus recursos lo permiten mas adelante iré mencionando otras versiones de las escrituras que pueden conseguir y de las que compararemos versículos para traer mejor entendimiento al pasaje que se esté estudiando.

Mientras que ya estamos prontos a comenzar, me gustaría que hicieran una oración personal para que El Todo Poderoso habrá nuestro entendimiento y que su palabra caiga en tierra fértil para que lleve mucho fruto. Estaré muy agradecido por su paciencia y comprensión. Escuchen, velen y oren porque el día de nuestra redención esta cerca.

Sefer Davar- Yirmeyah "Jeremias" 6:16

Aquí está lo que YHWH "el Señor" dice. Párense en el cruce de los caminos y miren; pregunten por las sendas antiguas, ¿cuál es la buena senda? Tómenla y encontrarán descanso para sus almas. Pero ellos dijeron: No la tomaremos.

# Nombres...

En este capitulo nos dedicaremos a ir rescatando los nombres que aparecen en las escrituras como fueron concebidos desde el principio. Al final de este libro habrá un apéndice en orden alfabético, mientras que aquí iremos mas en orden de relevancia según nos convenga explicar ya sea por continuidad o para darle mejor sentido al desenvolvimiento del tema.

Para dar por comenzado la explicación de los nombres vamos a tomar primero al que en las escrituras de hoy día se le conoce como: Jesus Cristo. Es importante primero entender que los nombres de personas no se traducen, tal vez de país a país la pronunciación sea algo distinta según el acento, pero el nombre sigue igual, por ejemplo si usted nació en algún pueblo de esta isla de puerto rico, digamos en Ponce; ¿pues usted es ponceño no? Y puertorriqueño al mismo tiempo. ¿Me va siguiendo?

En la versión de las sagradas escrituras del 1569 en Mateo dos versículo cinco y seis "MT.2:5" dice: Y ellos le dijeron: En Belén de Judea; porque así está escrito por el profeta: Y tú, Belén, de tierra de Judá, no eres muy pequeña entre los príncipes de Judá; porque de ti saldrá un Guiador, que apacentará a mi pueblo Israel. ¿Entonces de que estamos hablando aquí, notaron que la contestación fue en Belen de Judea? Pues si Jesus nació en Belen de Judea, ¿era Judío no? Si van siguiendo su proceso vitalicio irán viendo que a medida que se va relatando su vida, no solamente fue Judío, sino que vivió como Judio guardando las fiestas que guarda la naciónIsraelita, incluso congregando se "entiéndase ir a la iglesia" en sábado como lo establece la escritura y no en domingo como estableció roma, pero de este tema hablaremos mas adelante con mas profundidad, por ahora me interesa aclarar que si "Jesucristo" era judío ¿Por que tenía un nombre griego? Simplemente para eliminar su identidad judía y aunque no parezca importante veamos lo que dice este verso. Juan 4:22 "Ustedes no saben lo que están adorando; nosotros adoramos lo que conocemos, porque la salvación viene de los Judíos". En ese tiempo que el vivió no se usaba la letra J y en griego sus significa caballo.

Tienen como ejemplo el nombre pagano de Pegasus, pega=alas y sus=caballo o caballo alado. Entonces si continuamos con el titulo de "Cristo" los cristos eran sacerdotes griegos, "los que podían salvar al pueblo" de ahí sale que cristo=a salvador. Es interesante que en griego hay una palabra mucho mas parecida a la original en hebreo, que es messias. Mashiah en hebreo que significa lo mismo que su contra parte en griego "salvador" pero el hebreo va mas allá, porque la raíz de la palabra Mashiah viene de un giro sea de ungido con aceite. Entonces porque tomar un nombre griego y no el que parecía hebreo. Porque querían quitarle todo lo que pudiera parecer "judio" que de por cierto es un termino despectivo el termino correcto es Yahudi o adorador de yah; que no es nada menos que la forma bilítera del nombre del padre que cubriremos a continuación.

Si usted fue de los que vio la pasión del cristo, notó tal vez que los nombres de los personajes estaban en hebreo y arameo que era un dialecto del hebreo que se hablaba en aquel entonces

Yeshua= salvador. Yahoshua es un nombre mas personal, pero en los escritos mas antiguos y en las congregaciones nazarenas se usa mas el termino compuesto de Yahshua; compuesto porque Yah dijimos que era la forma bilítera de el nombre del padre y shua que significa salvación, o sea Yah es el que salva o la salvación viene de Yah. Este es el que mas me gusta a mi en lo personal, veamos una cita en lo que se conoce como el nuevo testamento. Mateo 1:21 Ella dará a luz un hijo, y tú le llamarás Yahshúa, [que quiere decir 'YHWH salva,'] porque El salvará a su pueblo de sus pecados. "Esta versión es del Sefer Davar en la que los nombres han sido restaurados a su original".

Puede que al principio nos tome un tiempo acostumbrarnos a los nombres como son, algunos piensan que es irrelevante y que no importa pero se equivocan en juan 14:13 y 14 dice: De hecho, todo lo que le pidan en Mi Nombre, Yo lo haré; para que el Padre sea enaltecido en el Hijo. 14 Si ustedes piden algo en Mi Nombre, Yo lo haré. Así que si estamos pidiéndole al padre en un nombre equivocado y no me mal entiendan por que el todo poderoso es misericordioso y nos entiende según nuestra capacidad de comprensión espiritual, pero en realidad el quiere que le pidamos en el nombre de su hijo y que bendigamos a los nuestro en su nombre, "el del padre" de esta forma son mas efectivas y eficaces las oraciones, veremos ahora porque.

1. Jesus Cristo en su original es: Yashúa ha Mashia "en español Yashúa el Mesías o salvador.

Ahora vamos con el segundo nombre y no menos importante el del padre. Muchas veces en lo que se conoce como el antiguo testamento el nombre se remplazo por Dios o aparece como lo tradujeron, "Jehová" es curioso que en en el diccionario Strong la palabra "hova" significa ruina o destrucción. El nombre del padre aparece nada mas y nada menos que unas 5,748 veces solo en lo que se conoce como el antiguo testamento. En algunas versiones de la Biblia católica el nombre del padre aparece como Yahveh, y aunque no es la traducción mas acertada es mas cercana al original que Jehová. En los manuscritos mas antiguos aparece como YHWH.

Mas adelante los estudiosos "Masoretas" que eran Yahudi "judíos" que sucedieron a los escribas que vemos en las escrituras le añaden vocales para que se pueda pronunciar el nombre del padre. Incluso en algunas "Biblias" que utilizan algunas denominaciones evangélicas aunque tiene el nombre mal traducido abajo en las anotaciones reconocen que YHWH es el nombre original y que fue escondido por mucho tiempo por muchas razones y que como se conoce mas por la gente como Jehová lo dejaron así.veamos una cita en la que el exhorta a bendecir a su pueblo en su nombre.

Números 6:22-27 dice de boca del mismo padre: YAHWEH dijo a Moshe: 23 "Habla a Aharon y sus hijos y diles que así es como bendecirán a los hijos de Yisra'el, dirá a ellos:

24 'Yevarejeja YHWH v'yishmereja [Que YAHWEH te bendiga y te guarde.]

25 Yaer YHWH panav eleija vijunekka. [Que YAHWEH haga su rostro resplandecer sobre ti y te muestre su favor.]

26 Yissa YHWH panav eleija v'yasem l'ja Shalom. [Que YAHWEH levante su rostro hacia ti y te dé Shalom.]

27 "De este modo ellos pondrán Mi Nombre sobre los hijos de Yisra'el; para que Yo los bendiga."

Así que muchos se preguntan porque el padre nos los bendice, a ellos o a sus hijos, bueno puede que estén bendiciendo a sus hijos o a ustedes mismos en el nombre incorrecto. Recuerden que aunque estamos en un plano físico, también hay uno espiritual que nos rodea y muchas veces lo físico lleva a lo espiritual y lo espiritual también puede activar lo físico.

Ahora bien ya que hemos expuesto el nombre Kadosh "apartado o de toda iniquidad" del padre les advierto que no se debe tomar a la ligera. Por esto muchos de los antiguos maestros de las escritoras comenzaron a usar títulos en ves de el nombre para evitar que cayera en bocas de impíos o de personas que lo mal usaran, veremos mas adelante algunos de estos títulos pero primero consideren esto. Exodo 20:7 dice: No usarás a la ligera el Nombre de YAHWEH tu Elohim, porque YAHWEH no dejará sin castigo a alguien que use Su Nombre a la ligera.

2. Jehová es en su forma mas antigua YHWH = YAHWEH. El nombre del padre.

Así que están advertidos, ya que este libro pretende ser de bendición a sus vidas cuidado de usar el nombre en vano.

A continuación voy a enumerar varios de los títulos que se le atribuyen a YAHWEH, comenzando por uno de los que causa mas confusión en lo que se conoce por el antiguo testamento "Señor". ¿Y porque este titulo causa confusión si es tan sencillo? Veamos un ejemplo. Hebreos 1:10 en la reina Valera dice: Y: Tú, oh Señor, en el principio fundaste la tierra; Y los cielos son obras de tus manos. ¿De quien estamos hablando aquí? ¿Del padre o del hijo? Ya que en muchas ocasiones a ambos se les llama por el titulo de señor si uno no esta bien atento puede confundirse en cual de los dos se está hablando.

Veamos el mismo versículo en la versión del Sefer Davar en la que los nombres han sido restaurados, para ver mas claro el texto por si acaso aun no saben de quien se estaba refiriéndose en el texto como señor: y, "En el principio, YAHWEH , Tú pusiste los fundamentos de la tierra; el cielo es la obra de tus manos.

Vieron que diferente se siente el mismo texto que de esa forma no da pie a confusión, esto aunque parece sencillo tendremos que poco a poco hacer distinción uno del otro por que son dos perdonas distintas cosa que veremos mas adelante. Por ahora vamos a terminar la explicación del titulo "Señor".

3. Señor, en hebreo: Adonai = nuestro Señor. Es el titulo que se usa solo para el padre, o Adon = Señor o amo, este se usa mucho en lo que se conoce como el nuevo testamento referente a Yahshua "Jesus". Es importante reconocer que un titulo no reemplaza el nombre de la persona. Por ejemplo el alcalde de un pueblo tiene nombre propio, alcalde es solo el titulo que ejerce como oficio. Dicho esto también cabe mencionar que hay otro nombre en hebreo que significa señor y es Baal. Por lo tanto es importante entender que en español la definición como tal de señor es algo ambigua y puede referirse incluso a cualquier persona por ser un titulo aunque de distinción, algo corriente. Así que en cuanto al padre o al hijo se utilizan estos dos títulos para no crear confusión; Adonai y Adon. Veamos como ultimo un verso que distingue al padre por su nombre

en ves de usar el termino señor que podría ser también el de Baal: Ellos abandonaron a YAHWEH y sirvieron a Baal y a los ashtarot. Jueces 2:13.

4. Dios, "español". Deus, "portugues". Diaux, "latin" y Theos, "griego". ¿A que el último no le sonó a Zeus? dios pagano en la mitología griega, que gobernaba a los del monte del Olimpo. El equivalente de dios en hebreo es: Eloha en singular y Elohim en plural. Vean que como mencionamos antes adon o adonai se usaban referente al titulo del padre como Elohim se usa en ves de dios. La forma corta de Elohim es "El"; esta forma se encuentra cientos de veces en las escrituras para darles un ejemplo común habrán escuchado alguna ves que mi nombre "Emanuel" significa dios con nosotros; pues bueno en hebreo el nombre de Emanuel es Imanuel que traducido es (=con nosotros; El-elohim. Veamos una cita a continuación que aparece El en las escrituras: Y los de la casa de José pusieron espías en Beth-el, la cual ciudad antes se llamaba Luz. - Beth=casa y el=Elohim, que significaría casa de Elohim.

Ahora veamos un ejemplo con la el titulo de Elohim, el mismo se encuentra en deuteronómios 6:4 "¡Sh'ma, Yisra'el! YAHWEH Eloheinu, YAHWEH ejad [¡Escucha, Yisra'el! YAHWEH nuestro Elohim, YAHWEH uno es] y por compartir otro, que tal el primer versículo de las escrituras, "Génesis 1:1" En el principio Elohim creó los cielos y la tierra. Obviamente si usted lo que tiene es una versión Reina Valera toda traducida al español en ves de Elohim va a encontrar la palabra "Dios" con la cual remplazaron Elohim y que nada mas y nada menos aparece en lo que se conoce como el antiguo testamento unas 2,500 veces.

Hasta ahora eh usado el nombre común "traducido" que solemos encontrar en los libros, apóstoles y que eh echo referencia porque aun no hemos vistos los nombres originales. Vamos a ir enumerando los uno a uno sin tomar mucho tiempo en ello pero primero veamos los nombres de los dos volúmenes con los que se conoce la escritura "Biblia".

5. Antiguo Testamento = T.A.N.A.K por lo que habrán notado la palabra Tanaj es un acrónimo. Las vocales son para lograr una pronunciación, la T corresponde a Torah lo que muchos llaman ley y que mas adelante vamos a abundar en esto porque merece la pena dedicar un tiempo para ver como la escritura muestra que la "ley" Torah no está abolida como predican muchos. La letra N corresponde a Nevim que significa profetas y en la que se incluyen los profetas mayores y los menores. Y por ultimo la K de Ketuvim = "Escritos" que corresponde a los demás escritos valga la redundancia hasta que se finaliza lo que se conoce como "el antiguo testamento" Tanak, que de hecho un testamento es lo que deja alguien que murió y esto pues no es un velorio por que no se murió nadie; así de malita esta la traducción.

6. Nuevo Testamento. Ya todos saben lo que es un testamento, en hebreo es Brit Hadasha, o Pacto Renovado. Porque tan sencillo como eso Yahshua "Jesus" dijo: "No piensen que he venido a abolir la Toráh o los Profetas. He venido, no a abolir, sino a completar. En las versiones corrientes sustituyeron Torah por ley y pues causa mucha confusión ya que Torah literalmente significa enseñanzas y la palabra ley que viene del

griego nomos significa eso "ley" entonces veremos mas adelante los distintos tipos de leyes que hay en el pueblo de Israel y entenderán porque la Torah no está abolida porque no hay ningún verso en el original que lo diga y pues aun sigue vigente hoy día.

Ahora antes de seguir con los nombres de los profetas y discípulos vamos a ver varios nombres paganos que sin darnos cuenta están metidos en el vocabulario que se usa a diario en las devociones y oraciones que se hacen ya sea individual o colectiva en las congregaciones. Notaran a continuación que estas tres tienen algo en común, fíjese bien que son nombres de mujeres.

7. Gloria, en hebreo el original seria Kabod y solo se refiere a la presencia esplendorosa o majestuosa del padre. Gloria "griego" que viene de la palabra Glory, es un nombre pagano. Victoria, la antigua diosa romana de la victoria mejor conocida como la diosa griega Nike. Si la marca de esas famosas zapatillas deportivas. Gracia. "Graces" en la mitología griega clásica es la diosa de la belleza. En hebreo se dise Todah cuando usted quiere agradecer por algo ya sea a alguna persona o al padre. Por lo menos a mi me gusta sustituir estos tres nombres por los originales u otros substitutos en español, entonces si no se ha hecho la pregunta hasta ahora ¿Porque el énfasis de usar los nombres correctos o mas bien de eliminar los nombres paganos de nuestra boca? Veamos esta cita, Sofonías 3:9 Dice: Porque entonces volveré yo a los pueblos el lenguaje puro, para que todos invoquen el nombre del SEÑOR, para que de un solo consentimiento le sirvan. - eso fue en la versión reina Valera, ahora veamos el mismo versículo en una versión mas cercana al

hebreo. " dice así: Porque entonces Yo cambiaré a los pueblos para que tengan labios puros, para invocar El Nombre de YAHWEH-Elohim Tzevaot, todos ellos, y servirle bajo un yugo. En algunas versiones en vez de lenguaje puro dice hablar el hebreo que se considera una lengua pura y angelical, y si cree que exagero pues agárrese bien porque considerando que la "Biblia" es un libro hebreo, y la nueva Jerusalén que va a descender del cielo tiene doce puertas y en cada una de ellas un nombre según la tribu correspondiente en que idioma cree usted que va a estar el nombre escrito en cada puerta? ¿Sabrá usted por cual va a entrar? Veamos el texto. Apocalipsis 21:12 Tenía un gran muro alto con doce puertas; a las puertas doce malajim"Angeles"; e inscritos en las puertas estaban los nombres de las doce tribus de Yisra'el.

8. Angel, en hebreo es Malak, En plural Malakim que en español seria mas o menos un mensajero. Veamos un texto que sirva de ejemplo. Exodo 23:20"Yo estoy enviando Mi Malak delante de ti para guardarte en el camino y te traiga al lugar que Yo he preparado. Hay que ver que por ahí hay muchas sectas que adoran a los ángeles, esto en la escritura se considera como idolatría y adulterio porque nosotros siendo la esposa de YIIWII no podemos ir adorando a nada mas q no sea a El. Veamos lo que dice Mateo 4:10 Fuera ha satán!" Yahshúa le dijo, "porque el Tanak dice: A YAHWEH tu Elohim adorarás, y sólo a El servirás.

9. satán o satanás es curioso que hayan cambiado el nombre del padre, pero el del adversario no. Que de por cierto satán traducido del hebreo significa adversario, acusador o todo lo que se opone a Elohim. Se queda igual, este nombre no lo

cambiaron. Ejemplo de una cita en dos versiones distintas vamos con la reina Valera primero. Zacarias 3:1 Josué, el sumo sacerdote, el cual estaba delante del ángel del SEÑOR; y satanás estaba a su mano derecha para serle adversario. El mismo verso pero en la versión del Sefer Davar: El me mostró a Yehoshúa el kohen hagadol parado delante del malaj de YAHWEH, con el acusador [Hebreo: ha satán] parado a su derecha para resistirlo.

10. Sacerdote. En hebreo es Kohen O Kohen Hagadol "sumo sacerdote" nombre que en lo personal en español no me gusta mucho y prefiero la palabra de ministro en sustitución de sacerdote o la original en hebreo. Los sacerdotes politeístas paganos entiéndase que adoraban a mas de un dios en sus sacrificios sacrificaban cerdos en muchos casos como ofrenda cosa que va en contra de la escritura. De echo el titulo de sacerdote incluye el nombre de cerdo "Sacerdote"¿O el que hace los sacrificios de cerdos? Veamos que en las escriturar el cerdo Se considera como un animal inmundo, y está fuera de cualquier Posible sacrificio que se pueda presentar al padre. Antioco cuando invadió el templo prohibió el continuo sacrificio y contaminó el templo haciendo un sacrificio de un cerdo y poniendo una estatua de el Zeus olímpico. Vean Daniel 11:31 Zera saldrá de él y profanarán el Lugar Kadosh y la fortaleza. Ellos harán cesar la continua ofrenda quemada, y pondrán la abominación que causa desolación.Aun mas, los ministros "Kohen" en el templo eran apartados según su linaje de la tribu de Levi y el mas alto ministro "Kohen Hagadol" Del linaje de Aharon y Moshe "Moises" no podía ser cualquiera en

otras palabras; menos aun un sacerdote griego, gentil o pagano de otra nación que no sea la israelita.

11. Discípulo, en hebreo Talmid; en plural Talmidim. Es alguien que estudia la Torah con un maestro e imita su conducta. La traducción a discípulo es algo nuevo que aparece en las versiones que tenemos hoy día de las escrituras y está desasociada por completo de la Torah y pudiese ser cualquier persona que diga una cosa y que haga otra. ¿Recuerdan este texto? Mateo 15:8 y 9. Este pueblo me honra con los labios; pero sus corazones están muy lejos de mí. En vano es su adoración por mí, porque enseñan como Toráh, mandatos de hombres. - Ese era el problema; la Torah no estaba ni estará abolida simplemente estos supuestos maestros enseñaban Zohar y Talmud como si fuesen mandato del padre sustituyendo lo por la Toráh. Noten que estos últimos dos libros son externos de las escrituras y en algunos casos como en el Zohar son misticismo judío y en algunos momentos incluso entra en espiritismo. Mi consejo es no entrar en ninguna otra fuente que no sea la Torah, no sea que sean engañados por algún espíritu de error.

Vean este último versículo en mateo 7:15-20. ¡Tengan cuidado con los falsos profetas! ¡Ellos vienen a ustedes vestidos de oveja, pero por dentro son lobos hambrientos! 16 Por sus frutos los reconocerán. ¿Puede la gente recoger uvas de los espinos, o higos de los cardos? 17 De la misma forma, todo árbol saludable produce buen fruto, pero todo árbol enfermo produce mal fruto. 18 Un árbol saludable no puede dar mal fruto, ni un árbol enfermo dar buen fruto. 19 ¡Todo árbol que no produce buen fruto, es cortado y echado en el fuego! 20 Así, pues, por sus frutos los reconocerán - Como se habrán dado cuenta, los frutos son las obras. Así bien si algún ministro les está enseñando algo que moldeado a su antojo o del concilio para justificar su conducta entiéndase una que este fuera de lo que establece el Tanak "la biblia". Pues lea bien el versículo anterior porque la escritura dice, no yo, que son falsos maestros. ¿Como sabemos que entonces Yashua "Jesus" Fue el mesías y un verdadero maestro? Primera de Pedro 2:22 dice: El no cometió ningún pecado, ni ningún engaño fue encontrado en su boca. Entonces Significa que Yashúa guardó y cumplió la Torah, después de todo el es el hijo de Elohim "Dios"y sabemos que el padre le dio su palabra a Moshe para que los hombres la siguieran, entonces su hijo no iba a desobedecer sus palabras ¿o si? Tengan en cuenta que para el tiempo de Yashúa el Brit Hadasha o pacto renovado "no se había comenzado a escribir incluso hasta unos 60 a 65 después de su muerte. ¿Entonces que era lo que el le enseñaba a sus Talmidim y en las sinagogas? Bueno para ese entonces lo que había era la Toráh, los profetas y demás escritos que preceden el Brit Hadasha, "pacto renovado" o sea el antiguo pacto "viejo testamento". Veamos un ejemplo De Yashua enseñando en la sinagoga:

Lucas 4:16-19. Entonces fue a Netzaret, donde había sido criado; y en Shabbat fue a la sinagoga como de costumbre. Se puso de pie para leer; 17 le entregaron el rollo del profeta Yeshayah. "Isaias"Desenrolló el pergamino y encontró donde estaba escrito: 18 "El Ruaj de YAHWEH está sobre mí; por lo tanto, me ha ungido para anunciar las Buenas Noticias a los pobres; me ha enviado a proclamar libertad a los cautivos, y vista renovada a los ciegos, para liberar a aquellos que han sido oprimidos, 19 a proclamar el año del favor de YAHWEH..."

12. Iglesia. En hebreo es Kajal o Kejilah, que seria mas bien congregación si lo tradujéramos al español. En las escrituras aparece mucho el término sinagoga que en realidad es un nombre griego para que lo fue Fue la congregación de personas y talmidim "discípulos o estudiantes" que tuvo Yashúa "Jesus" En sus tiempos y que subsecuente tuvieron sus discípulos. El termino iglesia en ese entonces cabe decir que no existía y ese concepto viene a aparecer mucho tiempo después Cuando traducen el Tanak al griego. Cosa que mas adelante causaría confusión porque israel es la kajal o Kehilah, noten que Kehilah termina en ah, eso le da un contorno femenino al nombre en hebreo. Así pues al sustituir Kehilah por iglesia hicieron un tipo de separación de lo que es el pueblo de Elohim "dios" Que es Israel y De lo que se conoce ahora como la Iglesia que muchos usan como pretexto de que el pueblo judio ha sido desechado y de que ahora es la iglesia el israel espiritual que es totalmente falso.

Romanos 11:1-5 dice: "En ese caso yo digo: ¿No es que YAHWEH repudió a su pueblo? ¡YAHWEH no lo permita! Pues yo mismo soy un hijo de Yisra'el, de la zera de Avraham,

de la tribu de Binyamin. 2 YAHWEH no ha repudiado a su pueblo, al cual escogió de antemano. ¿O no saben lo que el Tanaj dice de Eliyah? El implora a YAHWEH en contra de Yisra'el, diciendo: 3 "YAHWEH, ellos han matado a tus profetas y derribado tus altares; yo soy el único que he quedado con vida, y ahora, ¡me quieren matar a mi también!"4 Pero ¿cuál es la respuesta de YAHWEH ? "He apartado para mí siete mil hombres que no han doblado rodilla ante Baal,

es de la misma manera en la época presente: Hay un remanente escogido por misericordia.

13. Espíritu Santo, en hebreo es Ruajh Hakodesh o Espíritu de Santidad, la raíz de la palabra Ruaj es viento en griego neuma = aire de ahí los neumáticos que Tienen aire adentro. Antes de avanzar les advierto como cuando discutimos el nombre del padre, tengan cuidado y no tomen a la ligera este nombre, vean lo que cita Mateo 12:31 - Por esto les digo, le serán perdonados todos los pecados y blasfemias a la gente, pero no se perdonará la blasfemia en contra del Ruaj HaKodesh - pues continuando lo dicho antes la palabra espíritu en en español es algo ambigua, y pudiese estar refiriéndose a cualquier tipo de espíritu incluso a lo que muchos conocen como fantasma, otro ejemplo seria la traducción en ingles, "Holy Ghost" Aquí la palabra que se usa para espíritu es Ghost que seria un fantasma o espíritu. La palabra Neuma en griego aunque mejor que la del español tiende ser ambigua también porque puede ser un viento pestilente o con mal olor ya que hay aire y viento de todos los olores y que mas experiencia tenemos con esto en este interesante país. Ahora bien en el Hebreo es específicamente Referido al poder o eficacia del padre, "Ruaj Hakodesh" Que es su esencia pura, apartada de Toda contaminación. Luego mas adelante iremos viendo por las escrituras si el Ruaj Hakodesh es o no una persona de la llamada "trinidad" por lo regular este tema crea controversias en muchos sectores, pero este no es mi punto, lo que quiero es que vean mas allá para que libren

cualquier duda y entiendan como las escrituras definen lo que es el poder del padre y su eficacia que nos vivifica, nos lleva a toda verdad Y nos puede redargüir de nuestros malos impulsos.

14. Pecado, en Hebreo, Jeser Hara o Malos impulsos; es lo que nos lleva a apartarnos de los designios del padre o en otras palabras de la Torah que no es nada mas que un código de orden ético, moral y espiritual que da el padre a nuestras vidas en espera que lo obedezcamos ya que son sus palabras después de todo y en obediencia a ella obtenemos vida a cambio. Vean este texto Deuteronomios 11:26 Miren, yo estoy poniendo delante de ustedes hoy una bendición y una maldición – 27 la bendición, si escuchan a los mitzvot "mandatos"de YAHWEH su Elohim que yo les estoy dando hoy;28 y la maldición, si no escuchan a los mitzvot "mandatos" de YAHWEH su Elohim, sino que se vuelven a un lado del camino que yo les ordeno hoy y siguen otros dioses que ustedes no han conocido. - En este tópico estamos hablando del pecado entonces porque mencionar aquí La Torah, simple por que es la que nos señala que somos pecadores y que necesitamos arrepentirnos que nos lleva a la siguiente palabra a discutir.

15. Arrepentimiento o arrepentirse, en hebreo es hacer Teshuba, que va mas profundo que simplemente arrepentirse; veamos primero un verso clásico en una versión corriente; Mateo 4:17 Desde entonces comenzó Jesús a predicar, y a decir: Arrepentíos, que el Reino de los cielos se ha acercado. Veamos lo ahora en una versión mas cercana al hebreo: Desde aquel momento, Yahshúa comenzó a proclamar: "¡Vuélvanse de sus pecados a YAHWEH, porque el Reino de YAHWEH [Hch 1:8]está cerca!" ¿Se entiende mejor no? Volverse de sus

pecados, "Arrepentirse" Que es hacer Teshuba es volver a la Torah. En otras palabras apartarse del pecado y volver a la Torah a comportarnos como el padre quiere y manda; después de todo el da estos preceptos o mandatos para nuestro bien.

16. Judio, Es un termino despectivo que se utiliza para referirse a los israelitas; el termino correcto en hebreo es Yahudi Y si lo tradujéramos al español seria adorador de Yah, que sabemos es la forma breve del nombre del padre. Muchos feligreses dicen que son adoradores, pero también se llaman a si mismos gentiles que en español no se oye tan ofensivo pero veamos a continuación lo que significa.

17. Gentil, En hebreo e Goim en singular y Goye en plural y tiene varias definiciones, si puede significar gentil, pero también significa, pagano, idolatra y por ahí para abajo, perro entre otros. Veamos un verso a continuación e incluso el comentario al pie de la pagina del verso. Apocalipsis 22: Afuera están los perros los que mal usan las drogas en relación con lo oculto, los inmorales sexuales, los asesinos, los adoradores de ídolos, y todos los que aman y practican falsedad. - veamos el comentario: Esta referencia en la Escritura es para los sodomitas, pero aquí el verso se refiere a TODOS los paganos. ¿Ahora que sabe lo que significa, es usted un pagano-idolatra o un adorador de YHWH "Yahudi"?

18. Aleluyah. En hebreo Haleluyah, se queda parecida no? Lo que resulta curioso es que en la mayoría de las iglesias se ha tratado de sacar todo lo que pueda parecer Yahudi "judio" Porque según el cristianismo y la teoría del remplazo que lo

veremos mas adelante Elohim "Dios" desechó a su pueblo israel y ahora es la iglesia la escogida, que por lo que hemos ido viendo es falso. Haleluya no se ha podido sacar de las iglesias y es curioso que aunque claman en el nombre de Jehova, alaban diciendo Halel/u/yah, que viene de cántico o alabanzas en hebreo a Yahweh. Igual que la palabra Amen, Amein en hebreo que se ha quedado casi intacta y que mas que así sea significa que así haremos como El "Elohim" manda.

Teniendo en cuenta que estamos comenzando el tiempo de la restauración de todas las cosas iremos viendo como en las iglesias en las que estos temas del pueblo Yahudi "judio" eran tabú, poco a poco se han ido incorporando en las mismas, como las danzas hebreas, el sonar el shofar e incluso he visto algunas iglesias que han Demostrado como se celebra la pascua en israel entre otras cosas que poco a poco irán restaurando se a como Yashua en sus dias lo hacia.

Ahora continuaremos en breve con los nombres de los libros de las escrituras como aparecen en los escritos mas antiguos, que en muchos casos se distancian de manera considerable de las traducciones actuales. Aquí hay un dato curioso con los primeros cinco libros de las escrituras mejor conocidos como el pentateuco o mejor dicho la Torah y es que el nombre de cada libro es al mismo tiempo las primeras palabras de como comienza cada libro

19. Veamos a continuación y pues vamos en orden desde el principio al fin. Génesis - Bereshit = En el principio El verso 1:1 dice: En el principio Elohim creó los cielos y la tierra. Exodo - Shemot = Nombres el versículo 1:1 dice así: Estos son los nombres de los hijos de Yisra'el que fueron a Mitzrayim "Ejipto"junto con Ya'akov su padre; cada hombre con su familia. Levítico- Vayikra = El Llamó. Veamos el versículo: YAHWEH llamó a Moshe y habló con él desde el Tabernáculo del Testimonio. El dijo. Números - B'midbar = En el desierto. YAHWEH habló a Moshe en el Desierto Sinai, en el Tabernáculo del Testimonio, en el primer día del segundo mes del segundo año después que ellos habían salido de la tierra de Mitzrayim. Deuteronomios -D'varim = Palabras. Estas son las palabras que Moshe habló a todo Yisra'el en el lado extremo del Río Yarden"Jordan", en el desierto, en el Aravah"desierto", del otro lado de Suf, entre Paran y Tofel, Lavan, Hatzerot y Di-Zahav.

Ahora seguiremos con los nombres de los Nevim "profetas": Josue = Yahoshua. Jueces = Shoftim. Samuel =Shemuel. Reyes = Melajim. Isaias = Yeshayah. Jeremias = Yirmeyah. Ezequiel

= Yejezkel. Iran notando que muchos de ellos incluyen en su nombre La forma corta del nombre de YHWH "Yah", esa es otra de las cosas que indica que Yahweh es el nombre del padre aunque lo hayan tratado de esconder.

A continuación los nombres de los profetas menores que varían de su forma original; Oseas = Hoshea. Joel= Yoel. Abdias= Ovadyah. Jonas= Yonah. Miqueas= Mijah. Nahum = Najum. Habacuc= Havakuk. Sofonias =Tzefanyah. Hageo= Hagai. Zacarias = Zejaryah. Malaquias = Malaji.

Seguimos con el Ketuvim, que son los escritos que siguen a los profetas; y igual que en la lista anterior escribiré los que varíen o cambien los nombres. Hay varios que se quedan igual como por ejemplo:

Rut y Daniel; comencemos por: Salmos = Tehillim. Proverbios = Mishlei. Job= Iyob. Cantos de Salomon= Shir-HaShrimin. Lamentaciones = Eijah. Eclesiastés = Kohelet. Esther = Ester. Esdras = Ezra. Nehemias = Nejemyah. Primera de Crónicas = Divrei HaYamim Alef. Segunda de Cronicas = Divrei HaYamim Bet. Macabeos = Maccabim.

Ahora por último los nombre que aparecen en el Brit Hadasha o pacto renovado no "Nuevo Testamento". Comencemos pues con: Mateo = Mattityah. Marcos = Yohanan-Mordejai.

Lucas = Luka. Juan = Yohanan. Hechos = MaAseh Shlejim. Galatas = GalutYah. Hebreos = Ivrim. Jacobo = Yaakov. Pedro = Kefa. Juan = Yojanan. Judas = Yahuda. Apocalipsis "que mejor traducido es Revelaciones" = Gilyahna.

Próximo veremos algo que tememos tan asimilado en nuestra cultura, que nadie nota o se da de cuenta aunque parezca conveniente; ¿de que hablo? Pues de los días de la semana.

Cuando Constantino le puso el cuchillo en pescuezo a los sacerdotes mitraistas para que se convirtieran a la religión que el fundo mejor conocida como el Cristianismo unos trescientos veinticinco años después de la muerte de Yahshua "Jesus". Ellos tuvieron que adaptar varias cosas de manera sutil para poder seguir adorando a sus deidades de manera encubierta y así preservar el pellejo. ¿Que como? Veamos primero como se llamaban desde un principio los días de la semana y para esto veamos en Bereshit "Genesis 1:5" como dice: Elohim llamó a la luz día, y la oscuridad llamó noche. Así que hubo noche, y hubo mañana, un día.

Mas adelante en el mismo texto y versículo ocho: y Elohim llamó el firmamento Cielo [shamayim] y Elohim vio que era bueno. Así que fue la noche, y la mañana del segundo día.

Y así sucesivamente hasta que llegó al ultimo día de la semana que de por cierto era el único día que tenia nombre "Shabbat" que significa descanso. Así que después del día sexto veamos lo que dice la Torah en Bereshit 2, versículos 2-3: En el sexto día Elohim terminó con sus trabajos los cuales El había hecho, así que El descansó en el séptimo día de todos sus trabajos que El hizo. 3 Elohim bendijo el séptimo día y lo separó como Kadosh; porque en ese día Elohim descansó de todos sus trabajos que Elohim había comenzado a hacer. Entonces podemos ver que mucha gente que dicen que todos los días son iguales se equivocan, porque aquí vemos bien claro que hay seis días de trabajo, del primer día hasta el sexto día y dice el versículo 3 que Elohim bendijo el séptimo día "Shabbat" y lo separo como Kadosh "apartado o santo". Osea que no todos los días son iguales hay uno que involucra bendición para los que lo guardan porque como vimos en el versículo es un día bendito y apartado.

Vallamos un poco mas allá de lo obvio, es tan importante y apartado "Kadosh" el séptimo día que el Poderoso se tomó la molestia de añadir lo en los mandamientos y es de hecho el mas largo, un recordatorio a este día, el Shabbat. Veamos este pasaje Shemot "Exodo" 20:8-11. Recuerda el día Shabbat, para apartarlo para Elohim. 9 Tienes seis días para laborar y hacer todo tu trabajo, 10 pero el séptimo día es Shabbat para YHWH tu Elohim. En él, no harás ninguna clase de trabajo – ni tú, tu hijo o tu hija, ni tu esclavo o tu esclava, ni tus animales de cría, y ni el extranjero viviendo contigo dentro de las puertas de tu propiedad. 11 Porque en seis días YHWH hizo el cielo y la tierra, el mar y todo en ellos; pero en el séptimo día El descansó. Por esta razón YHWH bendijo el día, Shabbat, y lo apartó para El mismo. Oye pero aquí dice que el mismo fue el que lo bendijo y lo aparto para el mismo, entonces porque en las iglesias que dicen ser el pueblo de dios cuando llegan a este mandamiento lo brincan o simplemente lo manipulan a conveniencia y dicen que el Shabbat es para los Judios. Ahora pregunto yo, cuantos "Judios" Yahudim habían allí al pie del monte cuando Moshe les estaba entregando los mandamientos al pueblo de la misma mano del Poderoso. Pos ninguno, habían Hebreos que que literal mente traducido al español significa el que cruza, ya que Abraham fue el primer hebreo porque dejó su tierra y cruzo a la tierra que el Poderoso le habría de dar, a parte que Abram estudió por decirlo así en la escuela de Heber quien fue el primero en presentar la doctrina de un solo Dios.

Entonces si le damos hacia adelante a la historia, Llegamos a Moshe entregando los mandamientos, después mas adelante de Jacob a quien el Poderoso le cambio el nombre a Yisrael y a su ves de el salen las doce tribus de lo que viene a conocerse hoy día como Yisrael de la tribu de Yahjuda es que entonces salen literalmente los Yahudim "Judios". Mi punto es que cualquiera que le diga a usted que el Shabbat lo tienen que guardar solamente los judios, le esta mintiendo descaradamente. En Revelación "Gilyahna" 14:12 dice: Aquí es donde la perseverancia es necesaria por parte de los Kadoshim de YAHWEH, aquellos que observan sus mandamientos y ejercitan la llenura de fe de Yahshúa. En todas partes de las escrituras se hace referencia que el pueblo de Elohim "Dios" es Yisrael y que este es el que guarda sus mandamientos no la Iglesia griega que nos han querido vender "o sea un Israel espiritual" que no encontrará en ninguna parte de las escrituras, o se es el pueblo como el padre pide que lo seamos o no lo somos y punto. No es como dice ningún concilio si no como dice las escrituras ¿o acaso los concilios y los hombres que los predican son mas grandes que el mismísimo Elohim que inspiró las escrituras ósea su palabra?

Ya sabemos como por las escrituras se conocen los días de la semana, ahora veamos de donde sale el nombre que conocemos hoy día teniendo en cuenta que los sacerdotes mitraistas que adopto Constantino, pasaron los nombres de sus deidades paganas a los días de la semanas para darles así honra y adoración a los mismos de alguna forma. Lunes, "Moon-day", día de adoración a la diosa romana luna que era la mismísima personificación de la luna. Martes, era el dios de la guerra.

Miércoles, viene del dios mercurio que era el mensajero de los dioses en la mitología griega. Debemos saber que tanto la mitología griega y la romana muchos de los nombres varían aunque en muchos casos es la misma deidad representada con otro nombre. Jueves, viene del dios Jupiter, romano que era según ellos el dios de los dioses, del cielo y los relámpagos, Su equivalente griego era Zeus. Viernes, viene del antiguo ingles día de Frigg, que se asociaba con la diosa romana Venus. Sabemos que el único día que tenia nombre en las escrituras era el Shabbat que significa Descanso, no como le pusieron Sábado "Saturday" o día de Saturno, quien era de por cierto el dios de la agricultura griego;

Domingo, o "Sunday" día de adoración al Sol. Si recuerdan antes de los mitraista los egipcios adoraban al Sol ese era su dios supremo. ¿Ahora captan porque las obleas que usan en las iglesias son redondas, en alusión al Sol?

Así pudiéramos seguir con los nombres de los meses del año que han sido de igual manera corrompido sus nombres. En el original al igual que los días de la semana aparece como el primer mes, segundo etc. Yom- primero de los meses o cabeza de mes en hebreo, no como lo que conocemos acá hoy día: Enero, "January" del dios Janus, que se ilustraba con dos cabezas y que los romanos le pusieron January al mes en honor a su nombre. Febrero "February"llamado así en honor a las februas que eran unos festivales romanos que se celebraban mas o menos para el día 15. Marzo "March"Abril, "April" = aunque el origen del nombre de este mes algunos no se ponen de acuerdo tiene parecido y aparenta tener relación según algunos con Aphrodíte, pueden buscar mas referencia incluso hasta en

Wikipedia. Mayo, "May" = fue dado el nombre a este mes en honor a la diosa griega Maia y su festival es en mayo. "Festival" vale la pena aclarar que es Festi=fiesta, val = baal o fiesta a baal. Junio, "Jun" = viene del nombre de la deidad romana Juno. Julio. El resto curiosamente dejaron el nombre parecido al de las escrituras, por ejemplo el octavo mes "Octubre" porque viene de ocho "Octo" en latín.

En fin, habiendo visto varios nombres los cuales se han incorporado entre nuestro diario de manera sutil pasaremos a tener un vocabulario básico a la mano y podremos ir discutiendo entonces varios temas y profundizar en las escrituras, así les será mas familiar los temas que iremos tocando, aun así no deben preocuparse porque iremos poco a poco y haré referencia cuando sea pertinente a los nombres como se les conoce de costumbre. Para una lista mas extensa y completa de nombres y términos les recomiendo este diccionario Hebreo Español que encontré en la red: Descargar diccionario.

* * * *

# ¿Orar por los alimentos?

Recuerdo que una vez estaba esperando en un restaurante con una amistad por que nos sirvieran la comida que de por cierto no tardó mucho y cuando llegó, de manera sincera y genuina puso las manos sobre la comida y en sus palabras le dio gracias a dios por la comida y le pidió que bendijera los alimentos que se iba a comer. Ok aquí en este caso estamos hablando de una persona Agnóstica, o sea que no se afilia a ninguna religión; y que curiosamente cree que hay un ser superior sobre todas las cosa y que tiene un hijo que se ofreció por nuestros pecados. Hasta ahí vamos bien y aunque muchas personas que se dicen creyentes ni siquiera agradecen por los alimentos que van a consumir.

Cual es el punto entonces, de que estoy hablando ¿de que no debemos orar por la comida? La oración de mi amigo se compuso de de dos partes, la primera agradeciendo al padre por los alimentos y la segunda bendiciendo la comida. Entonces cual es la respuesta a la pregunta que hice antes, la respuesta es que no se ora para que se bendigan los alimentos pero si por agradecimiento al padre porque nos dio el sustento. ¿Ahora de que manga me estoy sacando esto? De ninguna, vamos a ver que dicen las escrituras.

En Vayikra "Levíticos" 11 está a lo largo de todo el capitulo los alimentos que el padre considera como limpios o aptos para comer y los que El considera como inmundos o no aptos para el consumo humano. El capitulo es extenso así que tienen de asignación leerlo completo. Mientras citaremos versos clave que nos servirán para lo que intento explicar. La mayoría dice por propia conveniencia o desconocimiento ah eso es para los Yahudim "judios" y la ley esta abolida, esos fueron mandatos que les dio Moshe "Moises" veamos que de verdad dice la escritura. En el verso 1al 2 dice: YAHWEH dijo a Moshe y a Aharon: 2 "Digan a los hijos de Yisra'el: 'Estás son las criaturas vivientes que ustedes pueden comer entre todos los animales de tierra. De ahí en adelante menciona lo que es apto para comer y si se fijaron que no dice que fue Moshe el que se invento esto si no que dice que fue YAHWEH el que le ordeno a Moshe decirle al pueblo por su bien y salud lo que podían comer. Ah bueno que el versículo dique que YAHWEH le mando a Moshe a decirle al pueblo de Yisrael que era lo que debían y no comer pues bueno ¿por que no a las demás naciones? ¿Será porque que el pueblo de YAHWEH después de todo es Yisrael, las dos casas Yahuda que fue el hijo que se quedo y Efrain "Efrayim" el que se fue y se regó por las naciones, pues la parte de que es para los adoradores de Yah o Yahudim "Judios" es cierta y les tengo malas noticias entonces, si usted no se considera como parte de su pueblo esta usted también excluido de todas las bendiciones que tiene reservadas para usted.

Se a preguntado si será casualidad por que muchos de los creyentes de muchas de las denominaciones que puedan existir están enfermos, siendo gente buena que dicen amar a dios. Bueno no me mal entiendan, todos en este planeta somos humanos y tarde o temprano padecemos de algo, ahora bien el temprano es lo que me preocupa mucha de las enfermedades que sufre el pueblo es por no seguir las ordenanzas dietéticas y éticas que aparecen en las escrituras. Que les parece este Texto, mi pueblo perece por falta de[1] entendimiento. Muchas veces las mismas personas son las que traen maldición a sus vida por desconocer la Torah, pues si les dijeron que estaba abolida o no la conocieron nunca. El que le diga esto a usted por mejor intención que tenga solo quiere el mal para usted aunque parezca contradictorio.

Consideren este otro. Devarim "Deuteronomio" 11:26-28 "Miren, yo estoy poniendo delante de ustedes hoy una bendición y una maldición – 27 la bendición, si escuchan a los mitzvot "mandatos, leyes o estatutos"de YAHWEH su Elohim que yo les estoy dando hoy;28 y la maldición, si no escuchan a los mitzvot de YAHWEH su Elohim, sino que se vuelven a un lado del camino que yo les ordeno hoy y siguen otros dioses que ustedes no han conocido. Pero si estamos hablando de comida como que de dioses que no han conocido; si para muchos la comida es un ídolo, el ayuno ¡ni hablar de eso! Entonces que es mas importante, la comida o el poderoso que te da la comida. Si de verdad queremos estar limpios delante de su presencia debemos obedecerle sin excusas aunque se nos haga difícil ya que vivimos en una sociedad que esta alejada de El, o no se ha dado de cuenta de el alto indice de criminalidad que hay en esta isla, incluso el alto porcentaje de problemas mentales e intolerancia que vivimos día a día. Fíjense en la dieta de estas personas y juzgue por usted mismo; la Torah no se equivoca ya que vino del mismo Poderoso.

Antes de buscar sobre los alimentos inmundos veamos que incluso en los limpios hay una restricción, en Bereshit "Genesis 4:11 dice: Pero la carne con su alma (o vida), que es su sangre, no comeréis. Vean como en el tabernáculo en el desierto y luego en el templo los Kojanim "ministros" sacrificaban los animales, al degollarlos de manera que el animal sufriera lo menos posible, derramaban su sangre en tierra y después preparaban la carne. Hoy día después de desangrar al animal por lo regular el pueblo Yisraeli desangra la carne en agua con sal para después consumirla. Si vemos esto desde un punto de vista mas profundo en el verso anterior citado dice que en la sangre está la vida del animal, fíjense que cuando el endemoniado gadareno le pidió a Yashua "Jesus" que cuando lo echara fuera le permitiera entrar en un hato de cerdos, que de por cierto se encuentra en la lista de los animales inmundos, los demonios muchas veces habitan en animales y seres vivos, de ahí la vida del animal que es la sangre que ya es inmunda de por si, se puede transmitir ese espíritu inmundo a la misma y de ahí a la persona que la consume, por eso veremos que muchas de las conductas que adquieren los humanos cuyas dietas no son limpias, ejem, ira, rabia celos y pudiera estar un rato mas mencionando otras conductas que hacen que ese instinto animal que muchos tienen muy arraigados dentro de si sea mucho peor.

Viendo ahora los animales inmundos dice: Pero no pueden comer aquellos que solamente rumien o solamente tengan pezuñas hendidas. Por ejemplo, el camello, el conejo y la liebre son inmundos para ustedes, porque ellos rumian pero no tienen pezuña hendida; 7 mientras que el puerco es inmundo para ustedes, porque a pesar de que tiene pezuña hendida y completamente dividida, no rumia.Ustedes no comerán carne de éstos ni tocarán sus cadáveres; son inmundos para ustedes. Y por ahí sigue la lista llegando a la conclusión que el que come inmundo se vuelve inmundo incluso nos prohibe entrar en contacto con la carne de ellos tan si es la gravedad del asunto.

Sabiendo ahora que hay alimentos limpios e inmundos por mas que se ore para que el padre bendiga la comida, ya la comida fue declarada limpia o inmunda así que no importa cuantas oraciones haga por un alimento que es inmundo no se va a purificar. Nota a parte por lo que estaba orando mi amigo era un plato vegetariano ya que el es vegetariano desde hace de mas de veinte años. Veamos un ejemplo del las escrituras en el que Yashua agradecía al padre por los alimentos en lo que se conoce como la ultima cena que de por cierto lo que celebraban era la Pesach "Pass over o lo que se conoce acá como pascua" que mejor traducido al español es pasar por encima.

Primera de Corintios 11:23 dice: Porque lo que he recibido del Adón es lo que les enseño a ustedes; que el Adón Yahshúa, en la noche que fue traicionado, tomó pan; 24 después que había pronunciado la berajah, lo partió, y dijo: "Este es mi cuerpo, que es para ustedes. Hagan esto como un memorial hacia mí". Un momento, como que después de haber pronunciado la berajah, bueno es obvio que el pueblo Yahudi sabe como se celebra la Pesach y cuales son las oraciones que se hacen pues por eso en el texto se omitió todo este proceso para hacerlo mas breve. Afortunada mente hay documentos y libros de oraciones para nosotros hoy día que contienen todo esto como por ejemplo el Sidur Shalom Olam que es un libro de oraciones para casi todo tipo de ocasión. Veamos como decía la berajah o bendición que impartió Yashua en la ultima cena; primero veremos la que se hace por el Lejem "pan" y luego la de la copa o vino o hagüéfen.

BARU?KATA?H,YHWH,ELOHE?NU,ME?LEKHAOLA?M,HAN
HAA?RETS.

Bendito seas, YHWH nuestro Elohim, el Rey del universo que produce el pan de la tierra.

BARU?K ATA?H, YHWH, ELOHE?NU, ME?LEK HAOLA?M, BORE? PERI? HAGUE?FEN.

Bendito seas, YHWH nuestro Elohim, Rey del universo, creador del fruto de la vid.

Así de manera sucesiva por los alimentos que crecen por encima de la tierra en la tierra, debajo de la tierra y por los de mas alimentos, para cada uno hay una oración, pero no se desanimen casi siempre el principio es igual y varia el final como habrán visto en los ejemplos anteriores.

Vallamos a Primera de Corintios 11:1 y veamos lo que dice Shaul "Pablo"1 Traten de imitarme, así como yo mismo trato de imitar al Mashíaj. Debemos tener en cuenta que tanto Yashua como sus talmidim "discípulos" obedecieron y permanecieron en la Torah ni buscaron justificaciones para quebrantarlas. Como sabemos esto; veamos otro texto que se remonta un poco mas adelante como unos veinticinco años después de la muerte de Yashua, vemos a Kefas "Pedro" como reacciona a una visión que le muestra el poderoso.

Hechos 10:9-18 Al día siguiente, alrededor del mediodía, mientras ellos iban de camino y se acercaban a la ciudad, Kefa subió a la azotea de la casa a orar. 10 Empezó a sentir hambre y quería algo de comer; pero cuando estaban preparando la comida, cayó en un trance 11 en el cual vio el cielo abierto, y algo que lucía como una sábana grande siendo bajada a tierra por sus cuatro puntas, 12 en la cual había toda clase de cuadrúpedos, criaturas que se arrastran y aves silvestres. 13 Entonces una voz le dijo: "¡Levántate Kefa, mata y come!" 14 Pero Kefa dijo: "¡No Adón! ¡Absolutamente no! Yo nunca he comido alimento inmundo o treif." 15 La voz le habló una segunda vez: "Deja de tratar como inmundo lo que YAHWEH ha limpiado. 16 Esto sucedió tres veces, e inmediatamente la sábana fue llevada al cielo.

Este texto que acabamos de citar lo usan mucho de pretexto en el cristianismo para decir que todos los alimentos fueron hechos limpios cuando no es así y es una mentira descarada. Aquí la visión se refiere a los gentiles que iban a venir a buscar a Kefas versículos mas adelante, el entendió la visión en el momento de manera literal y como vemos el obedecía la Torah porque de su boca salió ¡No Adón! ¡Absolutamente no! Yo nunca he comido alimento inmundo! Así que en esto sabemos que ni el ni los discípulos de Yahshua comían inmundo porque como había mencionado, todos guardaban la Torah, después de todo los discípulos seguían o imitaban a Yahshua "Jesus" quien a su vez imitaba a su padre que de por cierto fuel el que le dio los mandatos, leyes y estatutos a Moshe "Moises" para que se los entregase a su pueblo; Así que Yahshua como hijo obediente vino, observo y cumplió lo que su padre aprendió y le ordenó; aun así se negó a si mismo con tal de cumplir la voluntad de su padre.

Esto lo podemos ver en Luka "Lucas" 22:42. Padre, si estás dispuesto, aparta de mí esta copa; pero, no obstante, que se haga tu voluntad y no la mía. Aquí vemos como la naturaleza humana de Yahshua sabe lo que va a pasar y le pide a su padre le le quite ese trago amargo que ah de beber, pero que aun así el prefiere hacer la voluntad de su padre y no la suya propia.

Entonces entendiendo ahora que las escrituras declaran lo que es limpio y lo que es inmundo en los alimentos y sabiendo que muchos espíritus inmundos habitan muchas veces en estos animales y que se transmiten a las personas que comen estos alimentos. Estaría usted dispuesto a permitir que a sabiendas se está contaminando y haciendo e aborrecible a los ojos del Padre y aun más dandole cabida a espíritus inmundos dentro de usted. Ha oído acaso usted la frase que dicen muchas personas, ¡Yo soy así!, A mi nadie me puede cambiar porque que voy a comer si eso es lo que eh comido toda la vida, pues entérese que está negando la eficacia del poder del padre y se está declarando inmundo o no apto para recibir el perdón y la corrección del padre y lo que es mas triste aun es que puede que ya esa persona este bajo la influencia de algún espíritu inmundo de necedad, terquedad, glotonería o peor.

Vean aquí este último pasaje con el que pretendo culminar con este tema. Mattityah "Mateo" 12:43 Dice: Cuando un ruaj "espíritu"inmundo sale de una persona, viaja por lugares secos buscando descanso y no lo encuentra. 44 Entonces se dice a sí mismo: 'Regresaré a la casa que dejé.' Cuando regresa, se encuentra la casa desocupada, barrida, limpia y en orden. 45 Entonces va, y reúne siete ruajim más malvados que él, y todos juntos se meten a vivir allí; así que al final la persona está peor que lo que estaba. Así será para esta generación que no guarda la Toráh. - Entonces vemos que una ves mas el guardar la Torah es para nuestro bien y un mandato que nos dirige a librarnos de muchos males que muchas veces por falta de conocimiento de la Torah sufren muchos creyentes. Recuerden que los espíritus inmundos no les gusta estar deambulando por ahí sin tener a nadie a quien destruir, la paga del pecado es muerte ¿recuerdan? Pues desobedecer la Torah trae esto y muchas calamidades a nuestras vida así que la próxima ves que valla a comer piense como dice en Mishlei "Proverbios" 23:2 Si tienes un gran apetito, ¡pon el cuchillo a tu garganta! Aguanta esos caballos y piensa si lo que vas a comer es de agrado al Padre y no a tu barriga.

****

# ¿Fue la ley "Torah" abolida?

La contestación a esa pregunta es muy sencilla: ¡No! Y pudiera terminar así porque si esta sección pero me voy a portar bien y vamos a hablar algo mas al respecto de este tema. Hay varios textos claves que me interesan tocar porque precisamente son usados de manera incorrecta o sacados fuera de contexto para justificar toda una posición teológica en la que se basan muchos concilios, o entiendan se denominaciones evangélicas, protestantes u otra variación cual sea del cristianismo por ahí para abajo. Vamos directo al hígado con el primer verso que de por cierto es bastante largo y solo usan a conveniencia el primer verso. Veamos como dice en la versión popular en Romanos 10:4. Porque el fin de la ley es el Cristo, para dar justicia a todo aquel que cree. Aquí en esta versión, parece aparentar que la ley tuvo fin con Yashua "Jesus" o por lo menos eso es lo que se enseña en el cristianismo que la ley fue clavada en la cruz del calvario. Si fuésemos a comenzar por ahí en los antiguos escritos la palabra cruz no aparece, sin embargo estaca de ejecución o madero si y el termino cruz fue utilizada mas adelante por Constantino como símbolo emblemático de su campaña y religión. Aun mas el símbolo de la cruz aunque parezca fuerte es uno que viene del paganismo veremos que los egipcios usaban distintos tipos de cruces e incluso el emblema de Hitler fue la cruz suastica o rueda solar. Peor aun, si el que es colgado en un madero "cruz" es maldito entonces que es lo que lo hace maldito la cruz o el madero no? ¿Entonces no será el madero o la cruz un símbolo de maldición y casi todas las iglesias lo usan como emblema? ¿Si en este tiempo hubiese sido ejecutado Yashua "Jesus" en una silla eléctrica, en un futuro las iglesias del mañana usarían la silla eléctrica como logo? Suena casi ridículo pero así es y juzgue usted mismo. Vean el texto en la versión popular. Gálatas 3:13 Cristo nos redimió de la maldición de la ley, hecho por nosotros maldición; (porque está escrito: Maldito cualquiera que es colgado en un madero)

Ahora devuelta a romanos 10:4 veamos ese famoso verso de que el fin de la ley es Cristo, miren como dice el mismo verso en una versión mas cercana a una traducción del hebreo:

Porque la meta a la que el Tanaj apunta es el Mashíaj, quien ofrece justificación a todos los que confían. Cuando un atleta corre una carrera, ¿el fin de la carrera es la meta no? Pues la meta de nosotros y de todos los que observamos la ley o Tanaj que fueron las ordenanzas que nos dejó el padre es el Mashíaj o sea aspirar a tener la estatura que el mantuvo, ese es el verdadero propósito o fin de la ley; ser como el.

Aquí vemos ahora el texto del que me adelanté un poco y mencione parafraseado en la discusión del texto anterior. ¡La ley fue clavada en la cruz del madero! Si ese verso que se usa mucho en las iglesias diría yo muy a menudo y apropósito para hacer una distinción del pueblo cristiano y los que guardan la ley. En donde esta eso, pues en Colosenses 2:14 veamos primero la versión popular: Rayendo la cédula de los decretos que nos era contraria, que era contra nosotros, quitándola de en medio y clavándola en el madero. - Ahora la versión mesiánica del hebreo: El canceló el documento de deuda en contra nuestra. Por causa de las regulaciones, estaba como testimonio en contra nuestra; pero El lo removió, clavándolo en la estaca de ejecución. - Aquí vemos muy claro que lo que se removió porque estaba en nuestra contra y fue clavada en la estaca o madero fue el pecado, no la ley. El propósito de la ley que de por cierto es para los que la quebrantan enseñarnos que somos pecadores y que necesitamos salvación que viene del padre, ¡Yahshua!

Seguimos adelante con el próximo texto no necesariamente en orden de mayor relevancia. Veamos Yojanan "Juan" 1:17. Porque la ley por Moisés fue dada, mas la gracia y la verdad por Jesús, el Cristo, fue hecha. - Veamos ahora la versión mesiánica: Porque la Toráh fue dada por medio de Moshe; la misericordia y verdad vinieron por medio de Yahshúa Ha Mashíaj. En la traducción corriente parece decir que Moises dio la ley y Jesus dio la gracia y la verdad; pero vemos en realidad que lo que dice el verso es que por medio de Moshe fue dada o entregada a nosotros la Torah no que el la hizo, el fue el instrumento que uso el padre para entregarla a su pueblo para que cuando viniera su hijo fuéramos aceptos para recibirlo. Mientras que dice que la gracia y la verdad fueron hechas por Jesus, vemos que en una mejor traducción se entiende que a través de Yahshúa vino la misericordia y la verdad ya que el era la verdad.

No por esto se elimina lo anterior, el texto no lo implica por ninguna parte solo dice que por medio de Moshe fue entregada la Torah y que por medio de Yahshúa vino la misericordia y la verdad. Que de hecho si vemos su vida siempre hablo la verdad, y tuvo misericordia de todos los necesitados y afligidos. De hecho pudiera dedicar un tema aparte para este asunto, ya que de aquí sale la premisa que ya no estamos bajo la ley si no que estamos bajo la gracia. De donde sale esto, la teoría de la dispensación de la gracia viene a aparecer muchos años después de la muerte del Mashíaj pretendiendo reemplazar e eliminar la Torah a conveniencia ya que prohibirían muchas cosas que son permisibles hoy día en muchos sistemas religiosos. La "gracia" Hesed o misericordia, siempre ha estado en medio de nosotros desde el principio, piense lo bien, hay innumerables ocasiones mucho antes de que Yashúa llegara cronológicamente en las escrituras en que se narra al padre teniendo misericordia de distintas personas según la situación, algunos ejemplos, de Sodoma y Gomorra "Sedoma y Amorah" se salvo Lot por la oración de su hermano. Nínive no fue destruida a pesar de que eran malos y se lo merecían pero la insistencia del padre a Jonas "Yonah" ya que el conocía el corazón de las personas que vivían allí que después de todo se arrepintieron de sus malos caminos e incluso ayunaron que esto es afligir el cuerpo por causa de haber reconocido haber estado apartados de la Torah por consiguiente del padre y en señal de arrepentimiento este sacrificio en el que aun ni los animales comieron. En Egipto cuando faraón mando a matar los niños que les nacieran a los hebreos, el padre tuvo misericordia y las parteras mintieron por temor a El para salvar los niños y de ahí sale Moshe quien mas adelante liberaría a su pueblo de la esclavitud. Y que me dicen de Noah y el diluvio si no hubiese hallado misericordia delante del padrela raza humana completa hubiese sido remojada y hoy no estuviesen aquí leyendo esto.

Así de manera sucesiva cada vez que el pueblo desobedecía y se apartaba de la Torah, llegaba juicio bien merecido y aun así el padre por misericordia cuidaba de ellos y del remanente que siempre le era fiel. Entonces pudiéramos seguir viendo ejemplos uno tras otro pero seria redundar en lo mismo, la misericordia del padre ah estado con nosotros desde el día uno, y aunque suene fuerte la teoría de la dispensación de la gracia es una vil y descarada mentira.

Veamos el próximo verso. Este está en Romanos 7:4 Así también vosotros, hermanos míos, sois muertos a la ley en el cuerpo del Cristo, para que seáis de otro, del que resucitó de los muertos, para que fructifiquemos a Dios. - ¿Parece estar claro que dice que al poner la ley en el cuerpo de Cristo pues si el murió la ley está muerta no? Veamos una mejor traducción que aunque breve voy a incluir la nota que aparece al pie de la página respectiva a este verso ya que la encuentro interesante y que arroja luz al mismo.

4 Asimismo, mis hermanos, ustedes han sido hechos muertos con respecto a esta parte de la Toráh, por medio del cuerpo del Mashíaj Yahshúa,[ 44]Entonces sigue la tergiversación, dicen las "Biblias:""habéis muerto a la ley." No, no hemos muerto a la Toráh/ley, hemos muerto a esa parte de la Toráh. ¿Cuál parte? Se estarán preguntando. La que se ha venido hablando, la de adulterio. ¿Por qué? Porque éramos adúlteros todos, nuestros padres fueron divorciados de YAHWEH. La Casa de Yisra'el era llamada adúltera, cuando el esposo murió (Yahshúa), así también la Casa de Israel fue inmersa en Su muerte y murió con El, así liberándola, a una mujer atada al juicio de adulterio. Cancela su juicio de ser etiquetada por lo que ella era, una adúltera. Todos éramos adúlteros, pero ven lo que sucedió, con la muerte de Yahshúa nuestro juicio como adúlteros ahora está anulado, fuera del camino, ya no somos adúlteros, porque el

esposo murió, pero si queremos regresar al esposo, no podíamos (hasta aquí) porque ¿de qué vale regresar a un esposo muerto? Yahshúa resucitó y ahora estamos listos para las Bodas del Cordero, pero hay que obedecer. -¡Y añado yo obedecer la Torah!

El siguiente texto sigue así y este va a favor de que la Torah no a sido abolida y de que mejor boca si no del mismo Yashuah: Mt 5:18-19 Porque de cierto os digo, que hasta que perezca el cielo y la tierra, ni una jota ni un tilde perecerá de la ley, hasta que todas las cosas sean hechas. De manera que cualquiera que infringiere uno de estos mandamientos muy pequeños, y así enseñare á los hombres, muy pequeño será llamado en el reino de los cielos: mas cualquiera que hiciere y enseñare, éste será llamado grande en el reino de los cielos. Veamos la versión nazarena: ¡Sí, en verdad! Les digo que hasta que pasen el cielo y la tierra, ni una iod, ni una tilde pasarán de la Toráh; no hasta que lo que tenga que suceder, suceda. 19 De manera que cualquiera que desobedezca el menor de estos mitzvot, y enseñe así a otros, será llamado el menor en el Reino del YAHWEH. Pero cualquiera que los obedezca y así enseñe será llamado grande en el Reino de YAHWEH. ¿Y que paso aquí? ¿Este texto acaso no esta en la mayoría de las Biblias para ser mas especifico en el nuevo testamento como se le conoce en la iglesia? ¿O es que se les olvida mencionarlo? Porque el mismo Yahshúa dice que nada de la Torah va a pasar o sea que primero se acaba este mundo antes de que se invalide la Torah. Dice mas aun, que cualquiera que la desobedezca y enseñe a otros a desobedecerla pequeño "insignificante" será llamado en el reino de los cielos. Aquí entran muchos supuestos apóstoles, evangelistas y supuestos pastores que llevan a las ovejas incautos a pocos y muchos en la desobediencia hacia la "ley" Torah, por fuerte o triste que parezca o suene.

Vayamos ahora al libro de Oseas versículo 4:6 Mi pueblo es destruido por falta de conocimiento.Porque rechazaste el conocimiento,Yo también te rechazaré como Kohen "ministro"para mí.Porque olvidaste la Toráh de tu Elohim, Yo también olvidaré a tus hijos. Palabras fuertes del profeta no, entonces nos preguntamos porque la cosa esta tan mala en esta isla de Puerto Rico, bueno se los puedo contestar tan sencillo como con un versículo. En Mattityah "Mateo" 15:7 de la boca de Yashúa dice: ¡Hipócritas! Yeshayah estaba correcto, cuando profetizó acerca de ustedes: Este pueblo me honra con los labios; pero sus corazones están muy lejos de mí. En vano es su adoración por mí, porque enseñan como Toráh, mandatos de hombres. Osea que tras de que no enseñan la Torah "escrituras" como es, enseñan doctrinas de rebelión como si fuesen o en sustitución de la Torah.

Así que pues que podemos esperar de la situación social en la que vivimos hoy día, si casi un ochenta por ciento de la población dice ser religiosa pero por lo vivido día a día, como dijo Yashúa es solo de la boca para afuera a la hora de la verdad sin tono de ofender sacando a un poco de personas que adoran al padre en verdad, la conducta de la mayoría no tiene diferencia alguna de los que no son el pueblo de YHWH, entiéndase como las naciones paganas o gentiles.

Entonces para los que dicen que la ley esta abolida que tal este verso, teniendo en consideración que el termino ley es uno general; Yejezkel "Ezequiel" 36:27 Yo pondré Mi Ruaj dentro de ti y causaré que vivas por mi Toráh , que camines en mis ordenanzas y guardes mis juicios y los hagas [obedezcas]. ¿Que mas claro que eso? La Torah esta viva ya que es la palabra de el Padre y todo lo que emana de el es vivo y eficaz, así que por medio de ella el pretende darle vida a usted por medio de su observancia y cumplimiento ese es el propósito, preservar su vida de toda contaminación que le pueda perjudicar física o de manera espiritual. Tan así que aunque la persona de manera eventual, sea por vejes o causas naturales, perezca la Torah aun así le garantiza la vida en el siglo venidero y la resurrección de entre los muertos a travez del Mashía que venció sobre el dominio de la muerte y está envestido del poder de su padre que le levanto de entre los muertos como primicia de lo que esta por venir. En ese día El, por el poder de su palabra levantara de el sueño a todos sus redimidos.

Vamos ahora ahora a Devarim "Deuteronomios" 6:1-3 y veamos como dice: Ahora esta es la mitzvah, los estatutos y los juicios que YAHWEH su Elohim me ordenó enseñarles para que ustedes obedezcan en La Tierra a la cual están cruzando para poseer, 2 para que teman a YAHWEH su Elohim y observen todos sus estatutos y mitzvot que yo les estoy dando – ustedes, sus hijos y sus nietos – por todo el tiempo que vivan, para que tengan larga vida. 3 Por tanto escucha, Yisra'el, y toma cuidado en obedecer, para que las cosas te vayan bien, para que te multipliques grandemente, como YAHWEH, el Elohim de tus padres, te prometió por darte una tierra que fluye con leche y miel.

Aquí vemos que el Padre sacó a su Pueblo Yisrael de un desierto literal a una tierra que les prometio, en la que fluía la leche y la miel o en otras palabras que había abundancia de todo sujeto a la condición de que guardaran los mandatos y estatutos que les había dado para cuando estuvieran en la tierra que se les había prometido, fueran prosperados, bendecidos y multiplicados. Ahora bien, hoy día muchos ministros te prometen el cielo, for free, de gratis y sin seguir ningún mandamiento porque la ley está abolida. Como diría mi amigo Pepe con acento y todo: Vaya, pero que cosa mas grande. Visto de otra forma se le acerca alguien a usted y le dice mira, el terreno ese que te gusta tanto, yo le añado una casa, la de tu antojo y no te preocupes por la hipoteca que eso a fin de cuentas lo paga el diablo. ¿Como es eso que usted pueda vivir una vida como le da la gana en desagrado al padre y al final se salva? ¿O que tal salvo siempre salvo? Miren lo que dice Yashua en filipenses 2:12. Mis amados amigos, así como siempre obedecieron cuando yo estaba con ustedes, es mucho más importante que obedezcan ahora que estoy lejos de ustedes; permanezcan buscando su salvación con temor y temblor. ¿Pero para que? No será que acaso se puede perder la salvación. Acuérdese del texto que dice el alma que pecare esa morirá ; y como bien sabemos y hemos ido viendo, pecar es desobedecer la Torah.

No a oído usted a alguien que le halla dicho yo le sirvo a dios a mi manera. Entérese que solo hay una forma de servir le al padre y es de la forma que El pide que le sirvan. ¿Y con que se come eso? Pues bueno hay un manual que de tapa a tapa incluyendo los mapas, que le puede dirigir su vida en el camino correcto, si ya sabe del libro que hablo "la Biblia" las Sagradas Escrituras es un conjunto que funciona a la perfección en su totalidad, una ves comience a sacarle cosas porque según muchos están pasadas de moda "abolidas" esa perfecta maquinaria va a dejar de funcionar como debe y a dejar de tener el perfecto propósito que el Creador pretendió que tuviese en nuestras vidas. O acaso usted compra un Auto nuevo para sacarle los asientos, la batería o las gomas porque le dijeron que no servían trate de encenderlo a ver si arranca. Y aunque sea una comparación tonta no deja de ser menos cierta; El TANAK y el Brit Hadasha "Antiguo y Nuevo Pacto o escritos Nazarenos" van tomados de la mano uno del otro. Yashua mismo dijo que el no había venido a abolir la Torah, si no a darle perfecta interpretación; así que si los que se dicen cristianos creen que el fue el mesías pues que le crean entonces a sus palabras y obedezcan la "ley" Torah que el no vino a abolir.

Para finalizar con este tema me gustaría concluir con un último verso dicho de la propia boca de Yahshua. Vamos a Yojanan "Juan" 5:45-46. Para ver lo que dice el Maestro acerca de la Torah. "Pero no crean que voy a ser Yo el acusador de ustedes delante del Padre. ¿Saben quién los acusará? ¡Moshe, ese mismo, con el mismo que ustedes han contado!46 Porque si ustedes en realidad le creyeran a Moshe, a mí me creerían; porque fue acerca de mí que él escribió. Pero si no creen lo que él escribió, ¿cómo van a creer lo que Yo digo?"

Así pues en otras palabras mas simples, el creyente que que no cree o acepta la Torah; no cree ni acepta a Yashuah ha Mashia, "Jesus el Mesías" porque de el habla el antiguo pacto, una sombra de lo que había de venir en la figura del Mashiah. Vimos en semejanza al padre ofreciendo a su hijo en sacrificio en Abraham y Yisac. O en Yonah "Jonas" 1:16 Sobrecogidos con gran temor a YAHWEH, ofrecieron sacrificio a YAHWEH e hicieron votos. 17 YAHWEH preparó un pez inmenso [ballena] para tragarse a Yonah, y Yonah estuvo en la panza del pez por tres días y tres noches. Tres dias y tres noches, acaso no fue el tiempo que estuvo el Mashia en el sepulcro para ser devuelto nuevamente a la tierra y traernos salvación como fue en el caso de Ninveh "Ninive" que aceptaron la palabra que les trajo el profeta de volverse de sus malos caminos y regresar a la Torah, que de hecho se arrepintieron y no fueron destruidos.

De igual manera como el Antiguo Pacto habla del nuevo, en el nuevo Yashua cuando predicaba hablaba del antiguo ya que era lo que existía porque el nuevo no se había escrito

De igual manera muchas de las citas de los discípulos eran referencias al Antiguo Pacto, veamos esta cita por ejemplo en Lucas 4:16-21 dicha por el mismo Yashua cuando se puso de pies en la sinagoga y tomó el royo del profeta Yeshayah "Isaias" Entonces fue a Netzaret, donde había sido criado; y en Shabbat fue a la sinagoga como de costumbre.[20] Se puso de pie para leer; 17 le entregaron el rollo del profeta Yeshayah. Desenrolló el pergamino y encontró donde estaba escrito: 18 "El Ruaj de YAHWEH está sobre mí; por lo tanto, me ha ungido para anunciar las Buenas Noticias a los pobres; me ha enviado a proclamar libertad a los cautivos, [21] y vista renovada a los ciegos, para liberar a aquellos que han sido oprimidos, 19 a proclamar el año del favor de YAHWEH .."[22] Después de cerrar el rollo, y regresarlo al shammash, se sentó; los ojos de todos en la sinagoga estaban fijos en El. Aquí la cita en el libro de Yeshayah "Isaías" por si la quiere corroborar [Is 61:1-2, 58:6 ]

Vean lo que dice Romanos 3:28 y 3:31 se justifica el hombre por la ley? Por tanto, mantenemos el punto de vista que la persona será considerada justificada por YAHWEH basado en la confianza, que nada tiene que ver con la observancia legalista de los mandamientos de la Torah ¿O es YAHWEH el Elohim de los Judíos solamente? ¿No es también Elohim de los Gentiles? Sí, en verdad, El es Elohim de los Gentiles; 30 porque, como pueden admitir, YAHWEH es uno.[Dt 6:4] Por consiguiente, El considera justificado al circunciso, basado en la confianza y al incircunciso por medio de la misma confianza. 31 ¿Entonces abolimos la Toráh por medio de esta confianza? ¡YAHWEH no lo permita! Por el contrario confirmamos la Toráh-.-A resumidas cuentas sabemos que no nos vamos a salvar por guardar la ley ya que la salvación viene del padre a través de su hijo, pero no por eso tenemos que desobedecerla antes bien como dice Shaul "Pablo" su intención no es abolir la ley si no mas bien confirmarla y darle validez.

Ahora que comprendemos mejor que la Torah y el Antiguo pacto nos señalan o tipifican a Yahshua, entonces como es que según muchos ministros está abolida; acaso Yashua "Jesus" se estaría anulando o invalidando se el mismo, ya que todo lo que se hablo era acerca de el. Entonces si Yahshua obedeció la Torah que después de todo eran las palabras de su padre y aún sus discípulos las obedecieron, ¿porque nosotros no? Se acuerdan de las palabras de Yashua, en Johanan "Juan" 11:25. Yahshúa le dijo: "¡YO SOY la Resurrección y la Vida! Todo el que ponga su confianza en mí, a aunque muera, vivirá...

Entonces pues pongan su confianza en el Mashia y obedezcan la Torah "ley", que por mas que se revienten por ahí diciendo que está abolida; no es cierto. No saben acaso esos mismos que las escritura dice en primera de Timoteo 1:8-11 que la ley se le aplica al que la infringe; veamos el texto: Nosotros sabemos que la Toráh es buena, proveyendo que uno la use de la forma que la Toráh misma está intencionada. 9 Sabemos que la Toráh no es para la persona que es justa, sino para los que no la observan y son rebeldes, impíos y pecadores, malvados y mundanos; para gente que matan a su padre y a su madre, para asesinos. 10 Para los proxenetas; para los homosexuales,comerciantes de esclavos, mentirosos, perjuros y cualquiera que actúe en contra de las sanas enseñanzas 11 que están de acuerdo con las Buenas Noticias del glorioso y bendito YAHWEH.

La Toráh de YAHWEH es perfecta, convirtiendo almas. El Testimonio de YAHWEH es fiel, instruye a niños amamantando. Tehilim "Salmos"19:7.

Concluido ya con la mayoría de los versículos clave les dejo aquí para su futuro estudio varias citas de textos del Antiguo Pacto que hacen alusión directa o indirecta de lo que mas adelantes se conocería como El Pacto Renovado "Nuevo Testamento"o los escritos Nazarenos.

Bereshit "Genesis" (3:15) (22:) (49:10-12)

Yeshayah "Isaias" (9:1-7) (61:1-2) (53:1-12) (52:13-15)

Malaji "Malaquias" 4:2

Yejezkel "Ezequiel" (37:24-25) <David es prototipo de Mashíaj>

Tehillim "Salmos" (16:9-10) (2:1-12)

Bamidbar "Numeros" (24:17)

Devarim "Deuteronomios" (18:18)

* * * *

# ¿Existe la trinidad?

Este tema en peculiar es algo sensitivo por su carácter de tradicional, en el que muchos pudieran entrar en una crisis de fe según la madurez espiritual que tenga usted lector; porque en si de entrada les digo que la Trinidad como tal, viene y tiene un trasfondo pagano y que ha sido asimilado en nuestra cultura. Entonces antes de llegar a una conclusión apresurada o de exponer mi punto de vista personal; preferiría antes ir a las escrituras para comparar los textos modernos que tenemos hoy día con otros mas antiguos. Como eh mencionado en otras ocaciones debemos entender que los textos mas antiguos de las escrituras se encuentran en hebreo, arameo y que luego vinieron a ser traducidos al griego, latín, ingles y español entre muchos otros. Cosa que complica la cosa valga la redundancia, porque en las revisiones o traducciones que se hicieron en el concilio de Niceas entre otros, se hicieron algunos cambios y se añadieron algunas cosas que dieron pie a un desbarajuste en lo que hoy día es el concepto que se tiene de Dios "Elohim".

Ah notado o se ah puesto usted a escuchar a algún hermano en la fe orando, ya sea donde se congrega o en algún otro foro presto para esto. Si la respuesta es si y ah prestado atención habrá notado que muchas personas no saben a quien orarle, en la oración le piden al padre, como al hijo o al espíritu santo y forman un relajo que no se sabe ni la hora que es y que confunde; ¿porque? Si de todas formas los tres son el mismo. ¿O no? Veamos lo que dice la palabra en respecto a quien se le debe orar y aunque esto parece de otro tema tenemos que aclarar este asunto para hacer distinción del concepto que se tiene de Dios y la trinidad.

Yashua "Jesus" dijo en Yojanan "Juan" catorce y versículo trece: De hecho, todo lo que le pidan en Mi Nombre, Yo lo haré; para que el Padre sea glorificado en el Hijo. Así que el mismo Yashua dice que hay que pedirle al padre en su nombre. Quiere se decir que la forma correcta de orar es al padre en el nombre de el hijo. Eso demuestra que Yashua cuando oraba, le oraba a su padre y le pedía a el y fue así hasta el momento de su muerte que le pidió al padre que perdonara a los que lo mataban porque no sabían lo que estaban haciendo.

En Revelaciones "Apocalipsis" 22:8-9 se hace hincapié de que no se debe adorar ni orarle a los ángeles, si no solo a el Padre: Entonces yo, Yojanán, el que está oyendo y viendo estas cosas, cuando las oí y las vi, caí y me postré para adorar a los pies del malaj que me mostraba todas estas cosas. 9 Pero él me dijo: "¡No hagas eso! Yo sólo soy un consiervo contigo y tus hermanos los profetas y de aquellos que obedecen las palabras, en este libro. ¡Adora a YAHWEH!"

En Mattityah "Mateo" 4:10 podremos ver que en cuanto a la adoración se refiere, se debe adorar al padre y dicho de la misma boca de Yashuah cuando reprende a satanas. Veamos el texto: ¡Fuera ha satán!" Yahshúa le dijo, "porque el Tanaj dice: A YAHWEH tu Elohim adorarás, y sólo a El servirás. Curioso no, que Yashua sabiendo que el padre es su Elohim "Dios" le dice al adversario que su dios es también es el padre. Teniendo un poco mas claro esto de que el padre es uno veamos otro texto en el que a Yashúa le preguntan cual es el mas grande mandamiento y veamos que el contesta. Mordejai "Marcos 12:29-33 dice: Yahshúa respondió: "El más importante es:

'Sh'ma Yisra'el, YAHWEH Eloheinu, YAHWEH ejad [Escucha, O Israel, YAHWEH nuestro Elohim, YAHWEH uno es], 30 y amarás a YAHWEH tu Elohim con todo tu corazón, con toda tu alma, con todo tu entendimiento y con todas tus fuerzas.El segundo es éste: 'Amarás a tu prójimo como a ti mismo.'No hay otro mitzvah mayor que estos." 32 El maestro de la Toráh le dijo: "Bien dicho, Rabí; Tú hablas verdad cuando dices que El es uno, y no hay otro aparte de El; 33 y que amarle con todo el corazón, entendimiento y fuerza, y amar al prójimo como a uno mismo, significan más que todas las ofrendas quemadas y sacrificios."

Como habrán visto aquí el no dijo que dios eran tres, sino que hizo hincapié en que el padre era uno y que era el Elohim "Dios" de Yisrael. Al igual que el que le preguntó le dice que Yashua dice la verdad cuando dice que El es uno, y que no hay nadie aparte de El. Si eso es lo que creía Yashua y los rabinos de aquel entonces ¿porque tanta confusión? Pues porque a conveniencia han insertado esta doctrina torciendo varios textos para justificar lo injustificable y conveniente. Ya que parece que comencé al revés este tema, como mínimo vamos a tocar varios textos de los mas importantes que se usan hoy día para justificar la existencia de la Trinidad y veremos en la marcha que es lo que dice la escritura y lo que creían Yashua y sus talmidim "discípulos". Entonces pues avancemos desde el comienzo o sea desde Bereshit "Genesis" veamos que dice el versículo 1:26.

Entonces Elohim dijo: "Hagamos a la humanidad a nuestra imagen, conforme a nuestra semejanza; y reinen sobre los peces en el mar, las criaturas que vuelan en el cielo, los animales, y sobre toda la tierra, y sobre toda criatura que se arrastra en la tierra."

Fíjense que el que está hablando aquí es Elohim "Dios" y el dice hagamos, si hagamos es plural, pero en ningún lugar se dice que los que están ahí son tres; sin embargo sabemos que la figura de el hijo aunque no se menciona, está ahí presente en la creación y no necesariamente en la forma en que la conocemos hoy día, ya que como podrán deducir aun Yashua no se había materializado en ser humano como cuando le nació a Miriam "Maria". ¿Entonces por que se habló en plural? Se las voy a poner fácil; vamos a Gilyahna "Revelaciones o Apocalipsis" 4: 2-4.

2 Instantáneamente yo estaba en el Ruaj; y allí delante de mí había un trono, y en el trono había alguien sentado. 3 El que se sentaba allí destellaba como diamantes y rubíes; y había un arco iris alrededor del trono que brillaba como esmeraldas. 4 Rodeando el trono habían otros veinticuatro tronos, y en los tronos se sentaban veinticuatro ancianos vestidos de ropa blanca con coronas de oro en sus cabezas.

Como vemos ahora aquí estos veinticuatro ancianos pueden representar la corte o asamblea celestial del padre por esto se habla en plural, ya que en su consideración y misericordia YHWH pudiera solo sin contar con nadie crearlo todo pero optó con hacerlos co-partícipe a ellos demostrando así su grandeza e humildad.

El próximo verso que vamos a ver a continuación, es mas una curiosidad que un asunto obligatorio para este tema. Cuando buscaba en la concordancia bajo los textos que usa el Cristianismo para justificar la existencia de una trinidad vi este titulo, La triple bendición, y me estuvo tan curioso que fui a buscar el texto para ver a que se referían. Y como verán a continuación herraron por mucho al desconocer las escrituras, por pensar que esta bendición era una otorgada por una trinidad o tres dioses que muchos llaman tri-uno.

Veamos el texto que se encuentra en Bamidbar "Números" 6:22-27.

YAHWEH dijo a Moshe: 23 "Habla a Aharon y sus hijos y diles que así es como bendecirán a los hijos de Yisra'el, dirá a ellos:

24 'Yevarejeja YHWH v'yishmereja [Que YAHWEH te bendiga y te guarde.]

25 Yaer YHWH panav eleija vijunekka. [Que YAHWEH haga su rostro resplandecer sobre ti y te muestre su favor.]

26 Yissa YHWH panav eleija v'yascm l'ja Shalom. [Que YAHWEH levante su rostro hacia ti y te dé Shalom.]'

27 "De este modo ellos pondrán Mi Nombre sobre los hijos de Yisra'el; para que Yo los bendiga."

Como habrán notado está en hebreo y luego traducido al español, pero aun así en la versión popular no menciona al hijo o al espíritu santo por ningún lado si no que en los primeros tres versículos que es YHWH el que los bendice y guarda, el que hace resplandecer su rostro sobre su pueblo y les de su Shalom "paz". Mas aun el ultimo texto clarifica que los ministros de YHWH pondrán como mandato su nombre no una traducción del mismo o un titulo que es peor, sobre los hijos de Yisrael para que el mismo padre por causa de su nombre haga de su pueblo uno bendito. Así que como vemos que de quien vienen las bendiciones o el que bendice a su pueblo es YHWH no una trinidad.

Ahora veamos estas dos figuras en Mishlei "Proverbios" 30:3-4. Elohim me ha enseñado sabiduría y yo conozco el conocimiento del HaKadosh.

4 ¿Quién ha subido al cielo y ha descendido? ¿Quién ha atrapado al viento en la taza de su mano? ¿Quién ha envuelto las aguas en su manto? ¿Quién tiene dominio de los confines del mundo? ¿Cuál es Su Nombre y cuál es El Nombre de su hijo? ¡Seguramente tú sabes!

Como verán aquí se está hablando del padre y al final preguntas si conoces su nombre y el de su hijo. Por ningún lado vemos a una tercera persona de una supuesta trinidad y es triste que muchos de los creyentes de nuestros días no conocen el nombre del Elohim o Dios al que ellos profesan servir o el de su hijo que como ya sabemos es nuestro Mashiaj, Yahshua. Si el que escribe este texto da por sentado de que como dice el último versículo segúramente tu sabes sus nombres ¿en que está fallando la religión de hoy día? Por que han cambiado la verdad por la mentira para mantener a un pueblo cautivo. Continuemos pues con otro texto.

Yeshayah 6:3 dice: Ellos clamaban gritando el uno al otro: ¡Kadosh, Kadosh, Kadosh, es YAHWEH-Tzevaot!¡Toda la tierra está llena de Su Esplendor!

Han escuchado alguna vez que el padre es tres veces Kadosh "Santo" pues no es porque sea padre, hijo y espíritu santo. Es porque los serafim plural de seraf quienes son seres angelicales flamíferos o como flamas de fuego que están todo el tiempo alabando al padre día y noche dicen Kadosh, kadosh, kadosh es YHWH todo poderoso sin parar y como habrán notado están aquí otra vez adorando sin cesar al padre y no a una figura trina o a tres personas. Poco mas adelante en este mismo libro encontramos el próximo texto. En el capítulo 48 y versículo 16 al 17:

Ven cerca de mí y escucha esto:desde el principio Yo no he hablado en secreto, desde el tiempo que las cosas empezaron a ser, Yo he estado ahí; y ahora YAHWEH, aun YAHWEH y Su Ruaj, me ha enviado.17 Así dice YAHWEH , tu Redentor, el HaKadosh de Yisra'el: "Yo soy YAHWEH, tu Elohim, quien te enseña por tu propio bien, quien te guía por el sendero que debes caminar.

Como verán aquí este texto menciona a el padre y su Ruaj "su Espíritu" noten que no dice el espíritu como si se refiriera a otra persona externa a YHWH si no a su Ruaj que es el poder del padre por el cual envía al profeta a traer estas palabras que reiteran en todo momento que es YHWH el que dirige y enseña al profeta o a su pueblo por donde debe caminar ya que es la misión del profeta de educar al pueblo y dirigirlo por donde el padre quiere que valla. Aquí yo, el que escribe este libro, puedo decir de usted con certeza el que lee esto que a usted el padre le ha dado Ruaj de Haim o aliento o espíritu de vida y eso no quiere decir que usted es otra persona o que hay otra persona encerrada dentro de usted su Ruaj es esa chispa divina que el padre ha puesto en usted y lo hace ser un ser viviente. ¿Recuerdan al salmista cuando dice que el soplo del omnipotente le dio vida? Pues en este caso es igual aquí no se está hablando de una tercera persona de la Trinidad si no de el poder de YHWH.

Ahora la cosa se pone interesante o los huevos se ponen a peseta como dirían por ahí porque el texto siguiente que vamos a cubrir es uno de los fundamentales que usan las religiones que predican la doctrina de la trinidad y para ver el versículo del que les hablo vamos a mirar lo que parece irrefutable en la versión popular o entiéndase en las versiones modernas de la Biblia como por ejemplo la Reina Valera del 1909

Mattityah "Mateo" 28:19 dice : Por tanto, id, y doctrinad á todos los Gentiles, bautizándolos en el nombre del Padre, y del Hijo, y del Espíritu Santo: Enseñándoles que guarden todas las cosas que os he mandado: y he aquí, yo estoy con vosotros todos los días, hasta el fin del mundo. Amén.

¿Que paso aquí? Pues antes de emitir cualquier comentario sin evidencias vamos mejor a ver como dice el texto traducido del hebreo o de una versión mas antigua. En el Sefer Davar "El libro de la palabra" dicen los versículos 19 y 20: Por lo tanto, vayan a hacer talmidim "discípulos"a gente de todas las naciones dándoles la inmersión en mi Nombre. ¡Y enséñenles a obedecer todo lo que les he ordenado! Yo estaré con ustedes, sí, hasta el fin de la época.

Como ven el texto original o mas antiguo nunca tuvo un tono trinitario como en el de la versión popular. Así que el concepto de la trinidad o como leía el texto de en el nombre del padre hijo y espíritu santo fue añadido mas adelante para para justificar la doctrina de la trinidad que enseña el catolicismo. Y en el caso de este texto en el que se está hablando de inmergir a los nuevos creyentes entre otras cosas, a diferencia del cristianismo que se bautiza la gente en un bautisterio o piscina e incluso en el movimiento católico a los recién nacidos echándoles agua por encima; en el judaísmo que vivió Yahshua y el de hoy día no es así.

Siempre se efectúa la Tebilah o inmersión en un cuerpo de agua que tenga vida sea en el mar o en un río como lo hizo Yohanan el inmersor "Juan el Bautista" con Yahshua "Jesus" en el rio Yarden "Jordan". Fíjense que en Judaísmo si la persona no tiene ningún impedimento, entra por su propia voluntad al agua y se sumerge así mismo en simbolismo como si fuese sepultado mientras que varios testigos observan si el participante se sumergió por completo para que cuando emerja de las aguas sea valida la inmersión y es como si estuviese naciendo de nuevo o volviendo a la vida siendo una nueva criatura. Contrario que en el cristianismo un ministro o pastor sumerge a la persona hacia atrás, "como lo hacen las gentes de las naciones siguiendo tradiciones paganas de se tirarse de espalda en la playa el día del cuatro de Julio para traer buena suerte, mientras que notaran que es escritural cuando alguien se postraba o caía al suelo para adorar lo hacia de frente o rostro al suelo.

Mientras que hablando de la inmersión vemos como Yahshua está enseñando a sus estudiantes a sumergirlos solamente en su nombre no en el de la trinidad. Pero entonces solo así el dice que que haciendo esto el estará con nosotros hasta el fin de nuestro tiempo y como sabemos que el padre es el que salva o que de el es que viene la salvación debemos recordar que en el nombre de el hijo está el del padre incluido Yah-shua o que de YHWH viene la salvación o sea su hijo Yahshua. En este libro de Mattityahu "Mateo" hay otro texto que me interesa pero lo vamos a dejar para mas adelante para concluir el capitulo.

Entonces pues veamos el siguiente texto Yohanan "Juan" 12:44-45 Dice: Yahshúa declaró públicamente: "Aquellos que pongan su confianza en mí, están confiando, no simplemente en mí, sino en el Unico, el que me envió. 45 También aquellos que me ven, ven al Unico, el que me envió. - Como ven aquí el no está diciendo que el se envió así mismo sino que si confían en el están confiando en el que lo envió "el padre" y que aquellos que lo ven a el es como si vieran al padre porque el no era el padre pero si lo modelaba y hacia lo que le mandaba. Si usted tiene hijos alguna vez no le han dicho que no lo puede negar porque es igualito a usted, pues bien esto no lo convierte en usted y siguen siendo dos personas distintas que en el caso del texto trabajaban como si fuera uno porque Yahshua acataba las ordenes de su padre, las obedecía y las ponía en practica.

El siguiente verso está en el mismo libro de Yohanan en el capitulo quince versículo veintiséis al veintisiete, veamos lo. 26 "Cuando el Consejero venga, a quién Yo les mandaré de parte del Padre, El Ruaj de La Verdad, el que se mantiene saliendo del Padre, El también dará testimonio a mi favor. 27 Y ustedes darán testimonio también, porque han estado conmigo desde el comienzo.

Aquí aparenta estar hablando del Ruaj "espíritu" como si fuese una persona pero si miramos bien Yahshua está diciendo que cuando se valla va a mandarnos un consejero que sale del padre habíamos hablado que esta manifestación se iba a ver en sus discípulos que estarían investidos del poder del padre, se menciona como consejero porque la presencia del padre nos va a aconsejar a seguir la verdad, porque esta sale de continuo del padre como una emanación. En otros versículos el Ruaj de YHWH se ve como consolador porque es el que nos consuela y nos fortalece porque ya su hijo Yahshua no está entre nosotros ya que ascendió y está a la derecha del padre.

También vemos que en el capitulo 14:25-31 habla del Ruaj como consolador y aclara mas el asunto veamos lo pues:

Yo les he dicho estas cosas mientras todavía estoy con ustedes. 26 Mas, el Consejero, el Ruaj HaKodesh, a quién el Padre enviará en Mi Nombre, El les enseñará todo, esto es, El les recordará todo lo que Yo les he dicho.27 "Lo que Yo dejo con ustedes es Shalom; les estoy dando mi Shalom. Yo no doy de la forma que el mundo da. No se permitan a ustedes mismos estar enfadados o asustados. 28 Ustedes me oyeron decirles: 'Yo ya me voy, y regresaré a ustedes.' Si me amaran, estarían gozosos de que me voy al Padre; porque el Padre es mayor que Yo.29 "También, se lo he dicho a ustedes ahora antes que suceda; para que confíen cuando realmente suceda.

30 "No estaré hablando con ustedes por mucho más tiempo, porque el gobernador de este mundo está viniendo. El no tiene ningún derecho sobre mí; 31 más bien, esto está pasando para que el mundo pueda saber que Yo amo al Padre, y que Yo hago como el Padre me ordenó. "¡Levántense! ¡Vamos, en marcha!"

Como en el verso anterior vemos aquí que el Ruaj Hakodesh "Espíritu de Santidad" del padre es prometido por el hijo que el padre se los daría como consejero para que los instruyera y recordara todas las cosas que el les había enseñado entendiendo así que el Ruaj de YHWH es el poder y la eficacia por la mediante El obra; esto es lo que se nos prometio y fue cumplido allá en Shavuot "Pentecostés" cuando el Ruaj descendió sobre ellos y comenzaron a hablar en otros idiomas para predicarles las buenas noticias del evangelio a todas las personas religiosas que estaban allí en la ciudad. El texto está en hechos dos del uno en adelante por si les interesa leerlo. Recuerden que Yashua dijo que si tuviésemos fe como un grano de mostaza y le dijeras a la montaña arráncate y échate a la mar así se haría.

Ademas si pasó desapercibido Yahshua en los últimos dos versos cuando mencionaba que se tenia que ir, en todo momento decía que volvía al padre; si hubiese sido una trinidad obviamente el estaba aquí en la tierra, entonces porque no decir que volvía al Padre y al Espíritu Santo para volver a ser uno o tres dioses como enseña el Cristianismo. Y también fíjense que en todas las visiones que hay de los Shamayim "Cielos" siempre se describen dos tronos, no tres, el del Padre que está en el centro y el que está sentado a su diestra, el del hijo por si no quedó claro.

Como verso final me gustaría ir a Matityah "Mateo"capítulo cuatro y versículo diez al once, porque aunque el verso que me interesa es el diez, el once en las versiones populares está algo distorsionado. Veamos pues el verso en una traducción mas acertada del hebreo.

"¡Fuera ha satán!" Yahshúa le dijo, "porque el Tanaj dice:

'A YAHWEH tu Elohim adorarás, y sólo a El servirás'"[De 6: 13]

11 Entonces ha satán le dejó solo; y vinieron malajim y se ocuparon de El.

Como ven en el texto el mismo Yahshua cuando reprende al enemigo que le pide que se arrodille y lo adore, le dice que a YHWH "el padre" Solo adoraras y que a el solo servirás. ¿Porqué no dijo que lo adoraran a el o al espíritu santo o a los tres si según el cristianismo son uno? ¿No será que el padre contrario a lo que nos han dicho es solo uno y que a el es que se debe dirigir toda adoración? Entonces vemos aun en el verso once que dice que cuando el tentador lo dejó solo vinieron malajim "ángeles" y se ocuparon de el; no como dice en las versiones populares que se alejan un poco mas del hebreo y que dicen que le adoraron o que le adoraban.

Entonces ya que el texto menciona que se le aparecieron Malajim o ángeles que creen ustedes sabiendo que la adoración es al padre, de las sectas que adoran a los ángeles. Veamos un texto del Brit Hadasha en el que menciona a un angel mostrándole una visión a uno de los profetas y veamos que sucede. Vamos pues a Gilyahna o Revelaciones que se conoce mejor como Apocalipsis, numero 19 y versículos del 9-10.

9 El malaj me dijo: "Escribe: '¡Qué benditos son aquellos que han sido invitados al banquete de bodas del Cordero!'" Entonces añadió: "Estas son las propias palabras de YAHWEH." 10 Yo me postré a sus pies para adorarle, pero él dijo: "¡No hagas eso! Yo soy sólo un con siervo contigo y de tus hermanos que tienen el testimonio de Yahshúa. ¡Adoren a YAHWEH! Porque el testimonio de Yahshúa es el Ruaj de profecía.

Volvemos a ver aquí como el Malajim, "mensajero o angel" le recalca al profeta que a quien debía adorar no era a el sino, al padre; ya que según el mensajero le recuerda que el no era mas que un siervo como el y en otro texto dice que los malajim son poco mas que nosotros los humanos, sin embargo no por esto podemos subestimarlos, recuerden que siguen siendo según su rango o función embajadores del reino de los cielos o de las tinieblas ya que el enemigo engañó a una tercera parte de ellos y se los llevó cuando fue arrojado fuera de la presencia del padre.

Por lo tanto si el padre es solo uno y el hijo al que el envió; no existe desde el punto de vista escritural una trinidad como tal ni siquiera un dios trino, ni triuno o como se los quiera vender el cristianismo que después de todo es una religión nueva que fundó prácticamente Constantino y no Yahsua "Cristo" como quieren hacerlo ver. Todo adorador del padre o Yahudi "entiéndase Judio como lo fue el Mashia" sabe desde niño que Elohim "Dios" es uno y que a el solo se debe adorar; entonces como pueden pretender provocar a celos a los Yahudi los

Cristianos tratando de venderles tres dioses o una trinidad pagana. Eso nunca será aceptado en el pueblo de Elohim "Dios" porque el mismo apartó a su pueblo Yisrael para que le adorasen solo a el y no a tres dioses distintos que se suponen son uno.

Entendiendo pues que en las escrituras más antiguas no aparece ni siquiera por atisbo una Trinidad podemos continuar ahora con el próximo tema...

* * * * *

# ¿El rapto secreto o arrebatamiento?

Por mucho tiempo se le ha metido miedo a la gente con el infierno y con que los que no se vallan en el rapto se van a quedar en la gran tribulación y se los va a llevar el diablo. Pues bueno les tengo buenas y malas noticias con respecto a este tema... Será acaso que esto es lo que dice la escritura? O este pensamiento es uno moderno que andan enseñando por ahí falsas doctrinas aunque suene fuerte. Ese mismo comentario qué hice al principio lo llevo escuchando desde que era niño por boca de varios predicadores, algunos famosos otros no tanto que en otras palabras lo que hacían era meter miedo. Recuerdo que mi abuelo por parte de padre era Pentecostal de clavo pasado y en el comedor de su casa en la pared inevitable que quedaba de frente cuando entrabas al mismo había un cuadro bastante horrible en mi opinión, al que le tenía re pelillo cuando niño.La pintura era de el supuesto rapto que en realidad me parecía un caos total, autos encendidos en fuego y chocando, aviones estrellándose muertos saliendo de las tumbas que me parecía mas una película de terror o una invasión zombi que lo que se supone representaba y aunque para los escasos años que tenía y aunque entendía lo que significaba aquella pintura nunca me gustó y me alegro que se deshicieran de ella aunque muchos años después de bajar la cabeza o de desviar la mirada en la sala para otro lado.

Comencemos sin mas preámbulos a ir visitando los textos que encontré en las escrituras respecto al tema para verificar entonces si lo que se anda enseñando por ahí hoy día es correcto. Veamos lo que dice de ese día Mordecai "Marcos" en el verso 13 versículo 32. Sin embargo, cuando ese día y hora vendrán, nadie sabrá, ni aun los malajim del cielo ni el Hijo, sólo el Padre.

Aquí vemos la parte de secreto que tiene todo el asunto del supuesto rapto; y es que simplemente nadie sabe el día exacto en que será. Pero antes de seguir abundando debemos a aclarar que no es un rapto secreto lo que va a ocurrir porque dice en la escritura que todo ojo le vera. Veremos el versículo en breve, lo que tenemos es que aclarar lo que va a suceder en este evento que nadie sabe cuando es pero que si sabemos que es lo que va a suceder y mas o menos en que época. De lo que se está hablando aquí que de mal manera han puesto como un rapto secreto es en realidad la segunda venida de nuestro Adon "Señor" Yashua Hamashia "Jesus nuestro mesías y si vemos el texto que dije antes que tocaríamos en breve veremos que de secreto el asunto lo único que tiene es que nadie sabe que día exacto será sino solo el padre. Veamos el verso 1:7 de Revelaciones a ver si estoy en lo correcto o no.

Miren! ¡El viene con las nubes! Todo ojo le verá, incluyendo aquellos que lo traspasaron; y todas las tribus de La Tierra estarán de luto. ¡Sí! ¡Amein!

Como habrán visto si todo ojo le verá en su segunda venida, no va a ser un secreto todo el evento de la segunda venida, esto de alguna manera va a ser un evento mundial en el que como dice el texto Yashua vendrá a reunir a su pueblo en las nubes, primero resucitaran los que murieron en el teniendo la esperanza de su regreso y luego los que estamos vivos y creemos en el seremos transformados y recogidos en las nubes. Es importante saber que en el hebreo esta expresión de las nubes es rakia, que mas bien es el cielo que con nuestros ojos vemos en donde están las nubes y vuelan los aviones; si ese mismo. ¿Y luego que?¿Desaparecen y se quedan los demás aquí comiendo se por el rabo? Es bueno entender que la segunda venida es para reunir a su pueblo que ha sido dispersado entre las naciones del mundo para preservarlo y una vez reunidos todos serán transportados a Jerusalem en donde serán las bodas del cordero y en el que por esos mil años que establece el reino del mesías y en el que luego al cabo de ese tiempo descenderá la nueva Yerushalayim "Jerusalén" desde los cielos. Así que como vemos la segunda venida será visible por todos y la casa perdida de israel será reunida y serán otra vez un solo pueblo Kadosh "apartado" de toda contaminación para el padre siendo ya uno con el a través de las bodas del cordero. Por eso es que dice la escritura que dejara el hombre a su padre y su madre y serán una sola carne o serán como uno. Así seremos en ese día.

En este tema hay mucha tela que cortar y mucho en lo que podemos profundizar, pero si le diéramos rienda suelta al tema no cubriríamos los textos pertinentes a discutir y me saldría del tema en el que mas adelante hablaremos del milenio y la muerte y el sepulcro versus el cielo, bien pues habiéndoles prometido estos dos temas adicionales continuemos con el próximo versículo, el cual está en Lucas 12:35-40.

Estén vestidos para la acción, sus lámparas encendidas; 36 como la gente que espera el regreso de su amo después de una fiesta de bodas, para que cuando venga y llame, le abran la puerta sin demora. 37 ¡Feliz el esclavo el cual su amo, cuando venga, le encuentre alerta! ¡Sí! ¡Les digo que se pondrá las ropas de trabajo, los sentará a la mesa, y vendrá a servirles El mismo! 38 Y aunque venga tarde en la noche, o temprano en la mañana, si así los encuentra, esos esclavos serán felices. 39 "Pero sepan esto: Ningún dueño de casa permitirá que el ladrón irrumpa en su casa, si supiera a la hora que iba a venir. 40 ¡Ustedes también estén listos! Porque el Ben Ha Adam vendrá cuando no le estén esperando."

Viendo esta parábola mas de cerca entendemos que no sabemos ni el día ni la hora, eso ya lo habíamos aclarado, lo que se le escapa a muchos es que nosotros, entiéndase el pueblo del todo poderoso no va a ser una sorpresa la venida de nuestro Adon "señor" ya que le estamos esperando o por lo menos eso se supone, que el pueblo esté alerta y diligentes haciendo lo pertinente para cuando vuelva Yashua. No así el gentil o el resto que no se considera Yisrael o los gentiles que andan desprevenidos cada cual en sus propios deseos a esos si ese día les llegara de sorpresa porque no lo estaban esperando o nunca les importó. No en vano dijo el profeta que la segunda venida del mesías seria como cuando los dias de Noah, que estaban todos comiendo, cazando se y haciendo lo que les daba la gana; en otras palabras, baile baraja y botella. No así el pueblo de Yah, que debe estar haciendo su voluntad no como cada uno entienda; si no como el padre mandó que que le obedeciéramos guardando la Torah.

El próximo texto nos lleva a Yohanan "Juan" 14.3 "No se dejen turbar. Confíen en YAHWEH, y confíen también en mí. 2 En casa de mi Padre hay muchos lugares donde vivir. Si no fuera así, Yo se los hubiera dicho; porque Yo voy allí a preparar un lugar para ustedes. 3 Puesto que me voy a preparar lugar para ustedes, Yo regresaré para llevarlos conmigo; para que donde Yo esté, ustedes también estarán.

Hermoso texto el anterior en el que advierte a los que se dejan engañar por falsas doctrinas que no se dejen turbar que se mantengan firmes confiando en el padre y en Yashua, haciendo alusión a un lenguaje matrimonial como en la cultura hebrea el novio se iba a preparar un hogar para la novia y luego volvía por ella para que estuviera con el. Aquí se está hablando de matrimonio, de las bodas del cordero de intimidad con el Adon y el padre. Entonces vemos otra vez que en ningún momento dice que esto va a ser en secreto, al contrario se los está anunciando el mismo Yashua a sus Talmidim "discípulos para que estuviesen listos a su regreso para reunir a su pueblo Kadosh "santo" y llevarlo a morar con el, mas a delante veremos donde es esa morada que aunque ya habíamos dicho veremos mas en concreto los textos.

También en Yohanan 21:2 dice: Yahshúa le dijo: "Si quiero que éste se quede hasta que Yo venga, ¿a ti que te importa? ¡Tú, sígueme!"Directo al hígado, si la segunda venida fuera secreta no lo estuviera anunciando aquí otra vez y se hubiera quedado callado haciendo buche y dejando loco a los discípulos. Pero no fue así, misterios ya revelados ¿recuerdan? esas fueron las cosas que el padre nos dio, poco a poco a medida que vamos leyendo las escrituras nos va revelando, mostrando su camino y dejándonos saber los sucesos por venir como por ejemplo el del tema que estamos tocando que es una segunda venida que se avistará por todo ojo y no un evento secreto.

En primera dé Corintios 15.51-55 dice: ¡Miren, les digo un secreto! ¡No todos nosotros moriremos! ¡Pero todos seremos trasformados! 52 Sólo tomará un momento, en un abrir y cerrar de los ojos, al Shofar final. Porque el Shofar sonará, y los muertos serán resucitados para vivir eternamente y nosotros también seremos transformados.53 Este material que se corrompe tiene que ser revestido de incorrupción, esto que es mortal tiene que ser revestido de inmortalidad. 54 Cuando lo que se corrompe se vista de incorrupción; y lo que es mortal se vista de inmortalidad, entonces este pasaje del Tanaj será cumplido: "La muerte será tragada en la victoria." 55 "Muerte, ¿dónde está tu victoria? Muerte, ¿dónde está tu aguijón?"

Este pasaje que acabamos de ver se cumplirá en el momento en que ocurra la segunda venida de el Adon "Señor", se acuerdan del texto que dice que ni carne ni sangre heredaran el reino de los cielos? Pues aquí se está revelando este secreto, noten que la posibilidad de que todos los que estén vivos desaparezcan en un rapto secreto y se vallan para el cielo no es viable y contradictoria a este verso ya que lo corruptible no puede heredar lo incorruptible. Por lo tanto el texto dice que los que murieron serán resucitados y revestidos de esplendor al igual que los que estén vivos en la segunda venida serán transformados y como la muerte no tuvo poder de los que estén vivos en ese momento por eso se cumplirá el texto.

Un poco mas adelante en corintios 16:22 vemos este texto alusivo a la segunda Venida: 22 ¡Si alguno no ama al Adón Yahshúa, Maldición sobre él! ¡Ma aaron-ata! Que traducido es "¿Estarás ahí al regreso, o estarás reunido al regreso?"¿Ahí o al regreso de que? pues vemos que desde los tiempos antiguos los apóstoles estaban esperando la segunda venida puesto que no era un secreto si estaba diciendo que el que no creyera en Yashua está maldito y les preguntaba a los que creían en el y estaban allí que si estarían ahí en su regreso o reunido en la congregación esperándolo. Por lo tanto no es un secreto que los fieles hoy día continúen esperando su venida y no viviendo la vida a lo loco para que te agarren por sorpresa.

En primera de Tesalonicenses 1:10 dice: y esperar a su Hijo Yahshúa, el que resucitó de los muertos, que se manifieste desde los cielos, y nos rescate de la inminente furia del juicio de YAHWEH. Otra vez vemos la espera del pueblo de Elohim "Dios" aquí otra vez. La versión popular de Reina y Valera esta bien malita la traducción y pareciera como si se insinuara un rapto para escapar del juicio, y la verdad es que la salvación que viene del padre a travez de su hijo es que seremos levantados y obviamente librados del juicio que en el caso de los que no fueron redimidos o transformados será juicio para muerte. Mientras que veremos que la noción falsa de que la iglesia espiritual "cosa que no existe" será librada de la tribulación no es correcta ya que veremos que si los dias de la tribulación no fueren acortados ni aun los escogidos serian salvos, ¿pero cuales escogidos si se fueron en el rapto no? Entonces iremos viendo de que el pueblo del padre pasara por parte de la tribulación pero que aun así el padre tendrá cuidado de los suyos y su pueblo tendrá salvación en su hijo.

En el mismo libro a penas dos versículos adelante vemos en primera de Tesalonicenses 3:13 el siguiente pasaje que confirma una segunda venida visible y no una en secreto, veamos el texto. Para darles la firmeza interior, para que estén sin culpa por razón de la Kedushah "santidad"cuando estén delante de YAHWEH nuestro Padre en la venida de nuestro Adón Yahshúa con todos sus malajim. Osea que cuando venga el adon Yahshua con sus malajim "ángeles" y estemos mas adelante después del milenio frente al padre seremos hallados justos por la pureza de su kedusha "santidad" que nos hará libres de todo pecado por eso se nos exhorta a ser Kadosh porque el padre es Kadosh "Santo".

En el próximo verso veremos en segunda de Tesalonicenses 2:1-3 que nos exhorta a no desanimarnos y a no dejarnos confundir en cuanto a la segunda venida de Yashua. Veamos el texto: 1 Pero con respecto a la venida de nuestro Adón Yahshúa Ha Mashíaj y nuestra reunión con El, les pedimos hermanos,2 que no se dejen sacudir fácilmente en el modo de pensar, ni se alarmen ni por ruaj, ni por palabra, ni por carta, supuestamente de nosotros, manifestando que el Día del Adón ha llegado. 3 No dejen que nadie los engañe en ninguna manera. Porque el Día no vendrá sin que antes venga la Apostasía. Interesante no, muchos hoy día predican de que muchos dicen que no se retarda su venida otros creen que se ha tardado demasiado y otros que no viene na. Ejemplo de este último caso, puedo testificar que en una conversación teológica con una compañera de trabajo me confesó que no sabía que creer ya que en su iglesia unos decían que Jesus volvía por segunda vez y otros que no, que ya había venido, cosa que tuve que probarle por las escrituras que aun no había regresado por segunda vez.

En este caso, aquí el texto nos habla de que no se dejen engañar de los qué dicen que la venida ya ocurrió para quitarles toda esperanza de salvación como hicieron con mi compañera de trabajo. ¿Acaso no les suena familiar de que ya la segunda venida ocurrió? Y que por casualidad aquí mismo apareció alguien reclamando ser Jesucristo hombre y que engaño a muchos llevándolos cautos a su falso evangelio. Un momento acaso Yahshua no había muerto ya y resucitado y esta ahora sentado a la diestra del padre? Entonces como es que andaba por ahí embabucando a la gente y se murió para volver a resucitar. En mi opinión siéntense a esperar, y asegúrense de estar cómodos; acuérdense que cualquier espíritu de profecía que se halla dicho por algún auto proclamado o supuesto profeta, está sujeta al cumplimiento de la misma así es que se sabe a ciencia cierta si la profecía es verdadera o en otras palabras si el profeta es un charlatán.

Para el próximo verso iremos a Ivrim "Hebreos" 9:24-28 el que dice cómo sigue: Porque el Mashíaj ha entrado al Lugar Kadosh Kadoshim, que no es hecho por manos de hombres, ni simplemente una copia del verdadero, sino al mismo cielo, para ahora presentarse en nombre de nosotros en la misma presencia de YAHWEH.25 Además, El no entró al cielo para ofrecerse a sí una y otra vez, como el Kohen HaGadol entra en el Lugar Kadosh Kadoshim año tras año con la sangre ajena; 26 porque entonces hubiera tenido que sufrir la muerte una y muchas veces desde la fundación del universo hasta ahora. Pero como es ahora, El se ha manifestado una vez al final de los tiempos para quitar el pecado por medio del sacrificio de sí mismo. 27 Así como los seres humanos tienen que morir una vez, pero después de esto viene el juicio; 28 así también el Mashíaj, habiendo sido ofrecido una vez para cargar los pecados de muchos; aparecerá por segunda vez, no para tratar con el pecado, sino para salvación de aquellos que ansiosamente esperan por El.

Noten, que en el versículo 28, aclara que el Mashia habiendo sido ofrecido una vez en sacrificio por nuestros pecados aparecerá por segunda vez, o sea cuando algo aparece es porque se va a ver y que ya no vendrá a tratar con el pecado, sufrir o sacrificarse si no que vendrá para salvar a los que le esperan con ansias, sean vivos o aquellos que ya murieron y también le esperaron.

Ahora veamos en primera de Kefas "Pedro"versículo uno del uno al cinco: Alabado sea YAHWEH , Padre de nuestro Adón Yahshúa Ha Mashíaj, quien según Su gran misericordia, ha hecho que por medio de la resurrección de entre los muertos de Yahshúa Ha Mashíaj, nos haya renacido a una esperanza viviente, 4 a una herencia que no se puede corromper, contaminar o desvanecer, guardada con seguridad en el cielo 5 Mientras tanto, por medio de la confianza, están siendo protegidos por el poder de Salvación de YAHWEH listo para ser revelado en el último tiempo.

Este versículo en específico en la traducción de Reina Valera parece decir que la herencia que se tiene reservada es en los cielos, y de aquí y otros versos mas se agarra el Cristianismo para decir que heredaremos el cielo, pero bueno eso es para otro de los temas; aquí a lo que se refiere es que esta herencia está guardada en un lugar seguro en el que no se puede corromper y está asegurada para ser revelada en los últimos tiempos en los que para ser mas exacto estamos discutiendo ahora, la segunda venida del Mashia, cuando muestre su salvación y recoja a todas las ovejas perdidas de la casa de Yisrael y sean reunidas otra vez las dos casas como lo fue en la antigüedad que eran un solo pueblo con un solo Elohim "Dios" y su Mashia "Mesías" quien será el rey de justicia del que se proclama en las escrituras quien regirá la tierra con rectitud y verdad.

Un poco más adelante en segunda de Kefas "Pedro" 3:3-4 vemos este texto que advierte que vendrán personas que dirán que Yahshua no va a venir. 3 Primero, entiendan esto: durante los Ultimos Días, vendrán burladores siguiendo sus propios deseos, 4 y preguntando: "¿Dónde está su venida prometida?" Porque nuestros padres murieron, y todo sigue igual tal como al principio de la creación. -Noten que estas personas dice el texto que son burladores o sea en mis palabras charlatanes que solo siguen lo que se les antoja o les da la gana hacer; entiéndase lo que no es la voluntad del padre. Por lo tanto les conviene decir esto para poder justificar su estilo de vida pecaminoso y poder seguir viviendo a lo loco, recuerdan comamos y bebamos que mañana moriremos pues es este tipo de persona las que piensa así y no les importa lo que venga por delante.

Así que un rapto o arrebatamiento secreto desde el punto de vista de las escrituras queda descartado por completo y tildada como una doctrina falsa. No empero así las escrituras desde principio a fin muestra la venida de el Mesias Yahsua por segunda vez en la que será visible por todo el mundo para reunir a su pueblo que ha sido dispersado por todas las naciones en un día que nadie sabe cuando será si no solo el padre y en que se le devolverá el rey de justicia que tanto ah anhelado Yisrael desde la antigüedad; el mismo que lo librara de yugo opresor del enemigo, entiéndase ha satán, que es todo aquello que está opuesto al reino de los cielos, el mismo que vendrá a la tierra a establecerse por siempre de mano del Mashiaj, "Mesias".

Lectura asignada referente al reinado del Elohim "Dios" en el futuro, sacada del antiguo pacto:

Zejaryah "Zacarías" 14 en adelante.

* * * * *

# Resumen de los primeros capítulos.

Bueno, aquí concluimos con los primeros cinco capítulos o con la primera mitad del libro, en estos hablamos de los nombres antiguos, orar por los alimentos, ¿Fue la ley abolida? ¿Existe la trinidad? Y como último tema de esta parte el rapto o arrebatamiento. Espero que mas que haber creado algún tipo de conflicto o crisis de fe, mas bien haberles sido de edificación o utilidad tratando de traes a nuestros dias la forma en la que se intento transmitir este conocimiento de las sagradas escrituras y no como nos lo han querido hacer ver. La "biblia" como se conoce de manera popular, se interpreta sola y no necesita de ninguna interpretación de ningún concilio que esté acomodada a sus preferencias, ya que el TANAK " Torah, profetas y los demás escritos incluyendo los nazarenos" fue, es y seguirá siendo vigente por siempre porque dice la escritura que por allá en el milenio del reino mesianico en un futuro <u>la Torah saldrá de sion y que ella será de sanidad para las naciones.</u>

* * * * *

# Un vistazo a próximos temas.

En la segunda parte de este pequeño libro se proponen al igual que lo que acaban de leer, unos cinco capítulos mas que tocaran temas de inquietud y que generan muchas dudas en el aspecto teológico y de fe.

Para que tengan una idea breve estaremos tocando temas como 1: El Milenio, 2: La muerte y el sepulcro vs el cielo, 3: Las dos casas, las doce tribus y un solo pueblo, 4: La gran tribulación "o los dias de la aflicción de Jacob" 5: Y el propósito en la vida o porque existo; Que aunque pueda parecer un enigma para muchos la respuesta es mucho mas sencilla de lo que podamos pensar y está en las escrituras.

O por lo menos estos fueron los temas que al principio de comenzar a escribir este libro tuve la inquietud de compartir con ustedes y espero pronto pueda estar dandole conclusión a esta segunda mitad.

* * * * *

# Conclusión del Libro.

¿ A fin de cuentas a escuchado usted de que la salvación es individual? Pues si aunque somos parte de un colectivo Llamado la casa perdida de Yisrael estamos encomendados a velar con temor y temblor por nuestra salvación. Así que es tarea nuestra velar nuestra vida de oración y de studios de la sagradas escrituras ya que si usted no lo hace, es lo mas probable que nadie lo haga por usted.

De ahí la inquietud a compartir con ustedes esta palabra de verdad, recuerden la salvación está a la mano, y siendo mas grafico en la mano ¿que tenemos? Cinco dedos uno por cada libro de la Torah y si sumamos los otros de la otra mano con seguimos los diez mizvots "mandatos o mandamientos" por los que se deven regir nuestras vidas así que está a su alcance el conocimiento que dará paso a la restauración de todas las cosas, por que en los últimos tiempos se aumentara el conocimiento de la Torah, Palabra de YHWH "Dios", y la gente ira de acá para allá en búsqueda de esa palabra i/o conocimiento porque tendrán hambre y sed de la misma. ¿No se ha preguntado porque? Acaso será porque ese alimento que se está dando hoy día está tan adulterado que no satisface a muchos que sienten que hay algo mas...

Ese sentir es el llamado que el padre le esta haciendo para que usted que me lee busque ese conocimiento y esa verdad que por mucho tiempo se ha tratado de esconder con propósitos nefastos. Acaso no bien dice la escritura que el candelabro no se pone debajo de la mesa si no encima para que alumbre la casa. Pues ese candelabro es la palabra y también representa al mashia y usted es la casa la que será llena e iluminada por el conocimiento que al fin y al cabo lo libertara de la mentira y falsas doctrinas que han suplantado las escrituras de tantas maneras que han enseñado como Torah mandamientos de hombre o inventados por el hombre.

Así que deténgase en los caminos y procure encontrar esa senda que en la antigüedad enseño la palabra de la manera correcta, sin interpretaciones a conveniencia, en la misma que Yashua "Jesus" estuvo y anduvo y que tanto criticó a los religiosos de aquellos tiempos por tesjiversarla. Ahora imagínese usted que haría el o diría si estuviese aquí en nuestros tiempos.

Solo puedo decirles para concluir que YHWH los bendiga y los guarde, que YHWH ilumine sus rostros y los favorezca y que YHWH dirija a ustedes su rostro y ponga en sus vidas Shalom. "Que esta es la paz que solo le puede El dar y dio a travez de su hijo, no como la que da este mundo que es pasajera".

Lo que yo dejo con ustedes es *Shalom*; le estoy dando mi Shalom "paz". Yo no doy de la forma que el mundo da. No se permitan a ustedes mismos estar enfadados o asustados.

**-Yojanan** "Juan" **14:27**